中华帝国

China

古老的风光·建筑和社会

| 插图版 |

[英] 托马斯·阿罗姆　手绘

[英] 乔治·赖特　著

吉林出版集团股份有限公司

前言

　　从明末清初开始，中国与西方国家的交往日益增多。中国——这个神秘而古老的东方古国开始融入世界。鸦片战争后，中国依然保持着大清帝国最后的体面，一派繁荣和平景象。在西方人眼里，中国是当时世界上唯一的"超级大国"，是一千多年来唯一能和罗马帝国相较的"中华帝国"。

　　随着西方使团、传教士等的不断涌入，介绍中国的书籍、画作不断出现，为西方人呈现了一个别样的"中华帝国"。曾经的辉煌都已湮灭在历史的长河中，但通过这些作品，我们依然能直观地体味那些逝去年代的遥远记忆，这种经历，弥足珍贵。本书正是这一时期的杰出代表，书中从一个独特的视角真实地反映了中国当时的历史、社会、风俗、文化以及东西方的交流。

　　书中大部分插图由托马斯·阿罗姆（Thomas Allom，1804—1872）完成，乔治·赖特（George Wright，1790—1877）撰写了说明，并对中国历史作了简要介绍。

　　阿罗姆是19世纪中叶英国维多利亚风格的建筑师和画家，曾就读于英国皇家艺术学院，是1793年访问"大清帝国"的英国马戛尔尼使团随团画师威廉·亚历山大的校友。阿罗姆参与设计了英国议会大厦，创建了英国皇家建筑师协会。英国圣彼得教堂、海伯利教堂、肯星顿公园、斯坦利花园等著名建筑也由他设计，为英国开创了一种新的城市建筑样式。阿罗姆的画作气势恢宏，总体格调似一幅巨大的舞台布景，无论山水还是建筑，氛围都似人间仙境，他对光影的处理，更加深了画面的剧场效果。由于阿罗姆对细节的执着，这些画作，具备了相当的历史文献价值。阿罗姆的铜版画，刻印精良，忠于原作，细腻逼真，黑白中显出版画的苍劲、古朴和庄重，更有油画、水彩画所无法代替的韵味，成为收藏界的珍品。本书是阿罗姆最具代表性的铜版画代表作之一。虽然后来有人对他的画进行了上色，但效果并不如原版。

本书由伦敦的 Fisher & Son 公司首版于 1842 年，共含 128 幅铜板雕刻的阿罗姆作品。1858 年伦敦再版，并加入了一些其他画家的作品。本书出版后，引起了极大反响，成为 19 世纪英国乃至欧洲最有名的插图本中国历史教科书，这是当时欧洲人眼中"中华盛世"的真实景象，也是他们对中国的"观察"及"想象"。

长城、运河、圆明园、景山、午门、虎丘塔、雷峰塔、报恩寺、琉璃塔、金山寺、灯笼……经阿罗姆的画笔，一一呈现在大众眼前，流传整个欧洲。19 世纪前期的欧洲人对中国充满敬意。

本书采用了 1858 年伦敦再版的版本，并酌情参照了首版与其他版本的部分内容及十余种英法图册和中国外销画作品，在翻译上力求保持原书的风格。但该书是 19 世纪的作品，且作者的参考资料有些是第二手或第三手的，瑕疵之处在所难免。因此，在遇到一些与我国国情不符、内容有差异等问题时，我们做了酌情修正和注释。请读者在阅读时，加以辨别。

我们出版本书，旨在让中国读者对西方人眼中的中国有所了解。书中观点未必符合现阶段我国的国情和舆论导向，他山之石，可以攻玉，相信广大读者在阅读中，能够仔细甄别，去其糟粕，取其精华，获得有益的知识。

本书的出版要感谢北京圆明园管理处的刘洋老师、著名京味作家崔岱远老师、美国战史作家顾剑博士等给予的支持。另外，本书在翻译中得到了一些翻译朋友的帮助，在此一并表示感谢！

编者

目录

第一章
武当山

飞瀑狂野倾流相依，
击落岩间陡峭石壁，
鲜亮泡沫旋转敲打着静僻，
洪流正用歌声唤醒大地。

在西方世界的尽头，有一个国家名为极乐国，国王乐善好施，但一直没有子嗣。有一天，皇后正在花园中游玩，突然天裂开了，有位神仙将一轮红日抛向人间。这轮红日在接触到地面的刹那，化作一枚果子。正当皇后吃惊的时候，这枚果子自己跳入了皇后口中。皇后就此有孕在身，14个月后，生下一子，名真武。之后，真武在武当山修道四十余年，诚意感动天帝，便在玉皇大帝座下镇守北方，称为真武大帝。武当山也自此出名，成为道教名山。

图中表现的是一些官员和随从正在攀登武当山，觐见"天柱响晴"景观的场面。画面并非纯写实，而是写实与写意技巧相结合，所形成的一幅西式风景画。

武当山位于中国湖北省，是著名的道教圣地。汉代就已经记载在《汉书》之中，唐朝末期，升格为道家"七十二福地"第九位，并开始大肆兴建道观。元、明两代，皇帝大兴土木，将武当山上的道观扩建为三十三处，并经常到玉虚宫拜谒真武大帝，自此奠定武当山道教名山的伟名。

第二章
正大光明殿

你身处丝绸山谷之中，
用黄金围拢，紫玉镶嵌，
美妙的色彩时时在指间飘延。
旖旎的山墙与雕刻的地板，
是微风素面，
让人们永远好奇于你那丰富的图案。

　　这是一座气势恢宏的皇家园林，位于北京城的西北郊。这里有不下三十间皇帝个人使用的房屋。每一间房屋的周围都有大量的附属设施，住着各式各样的用人，为他服务。

　　在西方人眼中，圆明园是19世纪中国真正的政治中心，到达这里才算来到了帝国的心脏。英国的马戛尔尼将圆明园的正大光明殿称为"聆听堂"，意思是这里除了皇帝与某位禀告朝政的大臣外，其他人都做聆听状。

　　图中表现的是群臣在上殿面君前的准备，大家三三两两互相议论着朝政。在图的中央，有一位敲鼓的人，他正准备敲鼓，意思是告知大家肃静，准备觐见皇帝。

　　正大光明殿的基座高4英尺①，上面的大殿高129英尺，宽63英尺，另外还有7根直径2英尺9英寸的柱子支撑着整座大殿。殿内富丽堂皇，正中为红漆木宝座，宝座后是两扇高大的屏风，屏风上装饰有翡翠和孔雀毛。在宝座上方是雍正帝御书"正大光明"四个字。

① 英制长度单位，1英尺约为0.3米。

　　——编者注

偶像崇拜者们，

只有上苍能解救我们！

　　广州城的对面、珠江口的南岸，有座著名的寺院名曰海幢寺。这里布满了进香的香客与想要到附近游玩的游客。这里仅有一个码头和一个入口，可供人们乘船上下。附近还有一棵高大的榕树，为人们遮风挡雨。

　　作者认为海幢寺的雕刻很是赏心悦目。凸起的屋顶与奇形怪状的瑞兽令他感觉此处就像一家欧洲的酒馆。不过，正殿还是庄严肃穆的，正中供奉着过去佛、现在佛和未来佛，十八罗汉分列左右。

　　海幢寺是广州市的一座著名寺院，清初名列"四大丛林"之冠。五代初建时名"千秋寺"，后被毁。宋朝僧人释光牟募捐修缮，香火逐渐旺盛。今可见正中大雄宝殿，后有藏经阁。寺外有白云、粤秀、石门、灵峰、西樵、花田诸山环绕，景色甚是宜人。

第四章
虎丘山试剑后

他泰然自若显得非常镇静，
"我从不知有一把剑可以如此冷若寒冰"
他强壮的手臂随着剑四处挥舞，
战场上的光影之间犹如神灵般发号施令

每个国家都有一段令所有人都向往的浪漫传说时代，在中国，三国时期便是这样一个时代。

三国初期，孙权为了控制刘备，夺取巴蜀的土地，就邀请刘备到吴国，假装要把妹妹许配给他，但实际上是囚禁刘备。虽然刘备很害怕，但听了诸葛亮的计策还是欣然前往。宴席中，孙权部署兵马，想杀掉刘备，但刘备的贴身侍从挺身而出，将刘备救下。吴国太后知晓此事后，在斥责孙权的同时接纳刘备成为女婿。

宴席完毕，刘备离开大殿，冲着一块大石占卜："如果我能顺利回到荆州，并成为皇帝，石头就在我剑下分为两半。"随后，他剑一挥，大石应声裂成两半。

后人为了纪念此事，便在这块石头上刻下"试剑石"三个字，以纪念这次非比寻常的事件。图中正是表现的这一场景。

这个故事应属作者张冠李戴，虎丘山的"试剑石"表现的并不是刘备入吴迎娶孙尚香之事，而是春秋时期吴王阖闾要求干将、莫邪铸剑的故事。据苏州当地传说：当年，干将、莫邪铸成雌雄二剑，献于吴王阖闾。当时阖闾恰在虎丘山，为了试剑便对着一块大石劈下，石头立时碎裂。由此该石便称"试剑石"。

第五章

甬江河口

它裸露出崎岖不平的浪壁，

让人联想到过去，

每当疲惫的航行结束之时，

船只沉锚而立。

甬江的潮汐非常明显，造就了它河口风景的壮观：形状各异的高山与波涛汹涌的水面相得益彰。从海上可见，不远处，一座装有大炮的塔楼正对江面，时刻准备着抵御即将到来的威胁。这里的水面不停地上下翻涌，小船若隐若现，恰似一幅夕阳风景画般秀丽又不失庄重。

甬江河口有一块伸出的岬角，上面布满了桑树，当地的居民基本都以采茶和养蚕为生。英国人发现这里的商品要比广州便宜一半，便向清政府请求开放此地。但清政府拒绝了英国人的要求，1736年后，更是将附近的外国商行全部赶出中国。

图中表现的是18世纪中期，英国商船"诺曼"号驶入甬江河口的场景。

1701年，英国人在甬江河口开设了第一家商行，自此便开始了对宁波的中转贸易。但他们却从未被允许进入宁波，如果私自进入宁波会被处以绞刑。

1832年，英国商船"阿美士德"号北上进行商业考察，曾对此地水域进行过测量，认为此地是一个相当好的通商口岸。这也是鸦片战争后，英国选择此地作为开放口岸的真正原因。

或许那些野蛮的游牧民族最为害怕的，就是那些宏伟的防御工程。如罗马人在不列颠和日耳曼建立的长城，曾抵御了蛮族的入侵，而当年亚历山大大帝在里海东岸的城墙，也遏止了其他民族的行进步伐。但是，伟大的工程往往与巨大的劳役联系在一起。希罗多德曾说："埃及法老胡夫曾强迫所有埃及人来为他建造坟墓，每10万人为一批，工作三个月，后世的人们对他充满了憎恨。"中国的长城同样充满了这样的劳役。据说当年秦始皇抽调了全国三分之一的劳力为他修建陵墓，正是这件事使他成为一位名副其实的暴君。

清兵入关前，长城一直是汉族人与北方游牧民族的分界线，使游牧民族和农耕民族各自独立发展。

长城的底座由花岗岩构成，高约20英尺，其中还包括5英尺的胸墙。整个长城的宽度都是统一的15英尺，两个胸墙的厚度也达到了2英尺。长城越往西建筑材料越差，东边是花岗岩，到了陕西就开始改为夯土，而再往西甚至出现了长城若隐若现的情况。

古北口长城，位于北京密云县内，是当年重要的关卡与交通要道。《北齐书》曾有过它的记载。《密云县志》称其为"京师之要冲"。后世曾对古北口长城多次重修，最终形成了今天的规模。

第六章
长城

噢！淳朴的山峰和山谷间散布着的田地，
世界的巨龙在这里沉寂。
背上布满战争留下的印迹，
它曾抵御入侵者，狂啸支配着其生机……

第七章
香港的竹管引泉

也许这是一幅最为美妙的画面，
绿色长廊在我们面前闪现。
尽管这长廊仅仅是一根输水长管，
却将快乐蕴含其间，
它带着甘泉一直向前

很少有地方像香港这样，地势狭窄却美景众多，特别是皇后大道后面的那片浪漫的小山谷，沟壑纵横、树木林立，到处是肥沃的土地。

在山谷之间，有一片美丽的稻田，山涧流水顺着峡谷缓缓而下，流到这里汇聚成一条小溪。在郁郁葱葱的林间，我们能够看到另一番景象——一根根被削去一半的竹子在林间穿行，清澈的泉水从这些竹子的凹槽中流过，灌入山谷另一边的旱地。这是中国人勤劳朴实的发明：香港的地势高低不平，而太阳又非常毒辣，最好的办法莫过于在阴凉处修建一条水渠。而普通的水渠太过昂贵，当地到处可见的竹子便成了他们最佳的

选择。图中所示的一根根竹管便是这些水渠。

竹子是一种非常漂亮的中空植物，它们生长的高度可达40英尺以上。由于其中空且坚韧耐用，人们常用其围做篱笆，做轿子的轿杆、挑物用的扁担……甚至还用来储存茶叶，以便储藏运输。当然，19世纪的一些英国绅士也会拿竹竿做他们的手杖。

竹子在中国还可以用在建筑、家具、航海、农业以及食物上。英国人对中国的这项发明赞不绝口，以至19世纪中国的竹制品在英国市场上成了紧俏的奢侈品。

第八章
打板子或者杖刑

你是一个男人吗？——一个充满谎言的歹徒！

被践踏、被折磨，殷红的血液顺着你的身躯流下；

你是一个男人吗？——运气已经耗尽！

将会比你的兄弟更加伤心。

受到惩罚时，只能像小鹿般哀鸣，

人们憎恨恶魔。

打板子在中国是一种最常见的惩罚方式。打板子的数量一般是根据犯人所犯罪的轻重来确定的。罪犯通常会被带到城外的某个地方，当着官兵和百姓的面，被竹杖或木板打在身上。行刑者一般会拿一根长6英尺、宽2英尺的竹杖或木板，打罪犯的屁股。打完后，罪犯要跪在地上，表示悔罪并感谢官员的责打。

上至达官显贵，下至平民百姓，没有任何一个人能够逃过打板子。据说当年乾隆帝曾下令责打自己的两个儿子，而其中的一个儿子就是后来的嘉庆帝。

杖刑始于汉朝，直到清朝末期才被废止。清朝时规定，一般杖刑是20～40下，往往仅做惩戒手段。在清朝的一些笔记中记载：一些行刑者为了从中渔利，经常根据收受的贿赂多少去杖责犯人，有钱人能少受皮肉之苦，老百姓却被毒打一顿了事。

17

第九章

佛教寺庙

钟声悠远，鼓声低沉，锣声响亮，

唢呐高亢，僧人唱诵，

匍匐在地的信徒，呼喊佛陀名号，

想象一下，这就是响彻天地的众生之音

与奇妙音乐的幻象。

在中国，佛教、道教和儒教这三个古老宗教源远流长。最重要的是儒教，言其为宗教，毋宁说其为一种纲常伦理。它并没有主神，但拥有许多新理论作为根基。另一种是道教，它的建立基础是"道"，信徒也被称为"道士"。它把"道"置于最高之位，但简陋的教义却不足以支撑一切。于是，道家发明了长生不老的妙招……儒教的孔子与道教的老子是同时代人，但他们的学说却相去甚远。帝国的精英几乎全是孔子的信徒。第三种是佛教，虽然其信仰人数是第二位的，却经常受到拥有"启示之光"人的嘲笑，而不是怜悯。

一般来说，宗教派别林立的地方注定会有分歧，也会有更多的争吵。但在中国，这种情况并未发生。虽然王公贵族都要学习孔子的学说，但他们私下里也顶礼膜拜佛教的高僧大德。

图中所示的是广州英国商行附近的一座寺院内景，中间供奉的可能是送子观音。

佛教源自印度，但因婆罗门教的兴盛而被迫向周边传播，最终落脚中国、日本、朝鲜半岛和东南亚等地，本土消失了1000多年，直到近代才回传印度。据说，有些佛教僧侣不远万里，向西到达希腊，为希腊人带去了先进的思想和文化。

一般寺院的山门后会有一个低矮的柱廊，进了山门豁然开朗，一座四方形院子展现在人们面前。院子的一边是僧房，另一边则是罗

汉堂。进入第二进院子，能见到护法及其他佛陀雕像。直到第三进院子，才能看到正前方的大雄宝殿，内供着过去佛、现在佛、未来佛。

浪花多么欢快，

她的簇绒，是建筑师的艺术存在，

这整齐的浪花莞尔一笑，

如春风拂面，

河间小岛上的人们与自然和谐相待，

一切都点缀着这条美丽的绶带。

在镇江府东北约 3 英里的地方，三座秀丽而陡峭的山峰犹如矗立在宽阔的江面之上。当地人称它们为"京口三山"。无论是哪方面，大自然都对这三座山峰极其青睐。历朝统治者都将它们视作江中瑰宝。这三座山峰分别为金山、焦山与北固山。其中，金山又名"浮玉"，也许是整个帝国中名字最为浪漫的山峰。由于后来发现了金矿，此峰便改名金山。现在，金山上又开凿了一条小溪，名曰净水泉。

焦山无疑是其中最著名的一座。一方面，焦山的形状比金山更陡峭多变。四周都是直上直下的崖壁，仅有一处可供船只上下。从这里，有数不清的台阶连接到峰顶上的宫殿、寺庙与其他建筑。另一方面，焦山也因一位隐士而名扬天下。这位隐士名叫焦光，是汉代人。在这座山上，焦光与世隔绝地生活了很多年，如果不是他居住的茅草屋着火，也许他就在此终老一生了。

但事与愿违，自从被人发现后，人们经常观察他的举动，有一次曾见他在江中游泳，还有一次见他横卧山中……总之，他惊动了皇帝。不久皇帝的钦差便来找他，要他入朝为官，可焦光坚决不受。后人建立了"三诏洞"，以此纪念这件事。

图中为焦山及周边情况。可见焦山正面有一条陡峭的石径，连着山顶的宝塔。另外，前面的山峰有两块耸立的巨石，名为"海门"。

焦山原名"樵山"，位于江苏镇江。东汉末年到三国时期，河东隐士焦光来到此地，搭建草棚，避世隐居。汉灵帝听说他是个贤人，便派人来此地三次请他出山，协助整治朝纲。可焦光都拒绝了，继续在此过着隐居生活。

北宋年间，宋真宗仰慕焦光，便假称自己曾做梦梦到一位老人，自称焦光，献上仙丹。真宗吃后，面色红润、精神百倍。为了还愿，真宗封赐焦光为"明应真人"，并下令修建"三诏洞"来纪念他。

清顾祖禹编《读史方舆纪要》中也有相关记载。

第十一章
临清州的街头杂耍

为什么每个妻子都会爱上纨绔子弟、破落户，

而不是自己的丈夫？

从伶人口中得到回复，

因为他们善于隐藏、话里满是云雾。

严格来说，大运河是从山东的临清州开始的。但是，中国人还是喜欢夸大其词地将其附近的水域也包括在内。中国人声称，大运河北起白河畔的天津，南到江南省的杭州府。但事实上大运河的北部终点并不比临清州更靠北。

白河与大运河相互连接，并没有水闸或堤坝将它们分割开。沿着白河的河道我们可以看到，每隔一段水路，就会有一道水闸，确保每个河段至少能有一英尺的落差。正因为临清州位于交汇之处，此地便成为商贾云集之地，各色人等都在这里讨生活。

街市上各处都是商家，买卖货物。零星可见有些佛教徒正在到处化缘。但更多的是一群靠杂耍糊口的人，如说书的、唱戏的以及耍把式卖艺的。他们在自己的"舞台"上各尽所能，以期获得围观者的赏赐。本书的绘画者表示很喜欢这里的生活，他认为无论中国还是英国，娱乐和音乐都是人们生活的必要组成部分。这里隔三五步就能看到一群人围着杂耍艺人观看表演，确实充满了生活的气息。

图中所示的是一位木偶艺人，手中拿着提线木偶，在他旁边坐着的是为他伴奏的笛子手，顺带用脚敲鼓和打锣。

临清州，十六国时期后赵置。曾多次兴废，直到明朝升格为临清州。清乾隆时期，临清州被称为临清直隶州。本书绘者使用的底本为曾随马戛尔尼使团来中国的画师威廉·亚历山大所绘。

23

第十二章

梅林湖龙泉岩

回家！我们的心正在舒放，

精神和思绪不再游荡；

美丽的愿景如同迷宫，

弯曲膝盖获得更多的恩典；

回家！你说我并不傻，

因为它永远等待在那儿。

　　潮州有很多优美的风景，其中桑浦山是潮汕最著名的山峰。桑浦山位于梅林湖边，两相呼应，美丽至极。梅林湖大约 700 英尺宽，可泛舟。

　　据说很久以前，这里有梅、林、胡三家人，他们每天依靠桑浦山上的野果、野菜生活。但不久后，桑浦山上来了一公一母两条龙，它们每隔几天就要交战一场。上天好心将它们用河流隔开，但它们依然相互交战。直到有一天，两龙交战，将这里变成大湖，三家人都淹死了，只有桑浦山还在。上天见两条龙如此恶毒，便命雷公打败公龙，母龙被镇压起来。后人为了纪念这三户人家，就将这片大湖称为"梅林湖"；镇压母龙的地方称为"龙泉岩"。图中所示的最高峰正是"龙泉岩"所在的位置。

　　桑浦山和梅林湖是潮汕最著名的人文遗产之一。明清时期，桑浦山上有大量书院。明朝正德年间，进士薛中离创立了中离书院，专门讲述王阳明的王学。自此以后，山上书院林立，人才辈出，成为当地的学术中心。清朝时期，这里兴建了几座佛寺——宝泉寺、白云寺和甘露寺，香火鼎盛，直到现在仍旧如此。

第十三章
养蚕与缫丝

一条小小的毛毛虫，
在金色的果子里翻动，
它们比画中更加灵动，
恢复磨损的羽绒，
仍然继续完成它们的任务，
如同小虫一般。

在罗马人的著作中，经常能看到"赛里斯"这个词，中世纪以后的欧洲人普遍认为这指的就是中国——丝绸之国。事实上，输入欧洲的很多丝绸并不直接来自中国，而是来自波斯人的转手。

大约6世纪，两名波斯僧侣偷偷在中国某地获得了蚕卵。他们将蚕卵放在竹杖里，蒙混过关出了中国。之后，他们又用同样的方法将桑树种子也带了出去。几经周折，拜占庭的查士丁尼大帝获得了养蚕技术。他命令帝国各地种桑养蚕，制造丝绸。

至今，中国人依然在制造丝绸，供出口所用。而且，很多地方也都在生产这种生丝，制造丝绸。

也许，这个故事只是个传说而已。作者认为，有可能真正的中间人是犹太人。因为犹太人几乎在世界各地游荡，他们与他们的拉比经常将各个世界的精彩技艺到处传播。清代，在杭州还能看到大量的犹太人，也许就是他们将养蚕与缫丝技术传遍了整个欧洲大陆。

图中所示为挑茧的过程。

据传，中国的丝绸技术来源于黄帝之妻嫘祖，至今已有5000多年历史，也是中国最伟大的发明之一。蚕茧变为丝绸必须经过挑茧、缫丝、织造和染整等诸多繁杂工艺才能制成成品。西汉起，中国人以丝绸为媒介，开始了大规模的国际商贸交流，而这条商贸交流的商路就被叫作"丝绸之路"。

清代厉行海禁，丝绸的对外贸易开始大幅削减，虽有江南三织造维持局面，但已江河日下，终被欧洲各国的丝绸技术及产品所取代。

第十四章
洞庭山

波涛汹涌的巨浪拍打着山崖，

它们每天准时到来，不差一分一秒，

但我看来，它好像正在嘲笑人类，

嘲笑我们每日忙碌，毫无结果。

在南京城的东南方向，有一片大湖名叫太湖。太湖四周有群山环绕，其风景如同七星岩般壮美，但风格迥异。在这片地区，占统治地位的是石灰岩。只要这种岩层与湍急的河流或海浪接触的地方，都会屈从于水势的运动，使自己的面貌焕然一新，也可能会被水流一次又一次地销蚀，直到人们辨不出原来的模样。长江和北河沿岸，只要是石灰岩地貌造就的地方，都会因为水流的销蚀而出现巨大的溶洞、风景如画的岬湾、兀然独立的岩石和富饶肥沃的小岛。在山区，湍急的瀑布往往能够创造出更为奇幻美妙的景象。

　　苏州府北面30英里处，是太湖边上最突兀、最陡峭的山峦——洞庭山。洞庭山又名林屋山或者包山，附近至少还有44座类似的山峰，这里拥有中国最优美的风景、最富饶的土地。树林浓荫蔽日，峡谷翁郁青翠，村庄掩映其中，宅邸金碧辉煌，寺院闪闪发光。与此同时，巨大的建筑物也星罗棋布，杂处其间。

　　与当地人所关注的风景不同，作者更喜欢洞庭山中的景色，以及那静僻安详的山洞。这里看不到官老爷们坐着轿子大呼小叫，更听不到佛教寺院鸣钟诵经。人迹罕至的洞庭山中的山峰、山坡和山脚都仿佛穿着大自然赐予的美妙霓裳。茂密的树林、幽深的峡谷共同塑造出这片霞光掩映的美景。在一条清澈的小溪旁，一座小村庄若隐若现，仿若世外桃源。

　　《山海经》记载："又东南一百二十里，曰洞庭之山。其上多黄金，其下多银铁。"由此可见，至少在商周时期，中国人就已经在洞庭湖和洞庭山附近生活了。但这里真正被开发，还是始于东汉末到三国时期，那时北方战乱不断，百姓纷纷南逃，将北方的技术带了过来。两宋时期，"苏湖熟，天下足"已经成为尽人皆知的事实。明清时期，太湖周边地区的经济发展已经位居全国之首。

　　作者对洞庭山的叙述基本来自他人转述，所以稍有讹误，但画面就离题千里了。实际上，太湖石才是最为人所知的。中国的各亲王府第，都能看到太湖石的装点。一块太湖石，令花园熠熠生辉。作者根据广西象鼻山的样子，想象有个山洞的石头叫太湖石，并用在了版画中。

第十五章
五马头

五匹战马奔驰，

骑手们肩并肩冲击，

五座山峰耸立，

在人们面前石化、竖起，

不是恐惧以及巫师的咒语，

这只是诗人口中的奇迹。

从江西群山中，北江奔流而出，直到虎门的入海口，全长 350 余英里。在源头之地，巨大的悬崖峭壁之间——左边是砂岩，右边是石灰岩，北江努力挤出一条通道。砂岩和石灰岩近在咫尺地紧挨着，形成一个高高的拱洞。船只几乎都要经过这个拱洞。通过这些阴森恐怖、幽暗深邃的峡谷，或许让人有一丝疑惑和恐惧，但并不令人沮丧。拱洞构造并不稳定，石块不断从顶上掉落。图中所示的正是这一景象的远观图。

巨大的石块从上面滚落，经常会堵塞河道。倘若一艘小船被击中，几乎逃脱不掉，只可能在深沟大壑里沉没。即便那些身手不凡的游泳能手，也是如此。两旁峭壁耸立，峡口的长度往往达到数英里。有个地方，波涛汹涌，到处林立着失事船只的残骸，告诉大家这里的危险永恒存在。

当你走出了这片幽暗的峡谷，呈现在面前的是一片美丽富饶的山冈。郁郁葱葱的山峰吸引着船只的目光，那些更近、更低的山峰，是茂密的矮树丛，在矮树丛中还丝丝地点缀着山茶花。在朝向江口的地方，有大量的村庄，村庄的茅屋被烟草种植园包围。这就是西江源头两岸最为普通的场景。而它，也是最为壮观的景象，将西江与中国其他地区的地貌分开。

在潮州府附近，北江再一次展现出它那粗犷而荒凉的景象。同时，这里也是西江、北江和东江的交汇处。在这座城市游历，船只是必须使用的交通工具，而船只几乎都由妇女来掌舵。这些外貌上一点都不显眼、吃苦耐劳的女子反而是中国的象征。她们并不妩媚，更无受人尊重的可能。在中国，受人尊重的妇女一般不会抛头露面，她们并不像基督教女子那样能获得更多自由。

江的对岸还有一座城市，它通过大桥与潮州府相连。桥的中间可以活动、抬起，在令己方

船只通过的同时，也阻挡了其他船只的通行。

在这里，作者可能弄错了。尽管北江发源于江西，却在广州与西江、东江汇合成珠江入海，并非作者所称的到潮州入海。潮州入海的是韩江。韩江也发源于江西，但向东南经潮州入海。在潮州，韩江分为北溪、西溪和东溪，应该是这个近似的名字让作者弄混了，最终两条江混为一谈。

作者所称的桥梁名为广济桥，是潮州最为著名的桥梁之一，也是一座集梁桥、浮桥和拱桥为一体的特例。

第十六章
澳门妈阁庙

看，那些奇异的刻画，感觉如何？

这些在寺庙中的偶像大佛。

不再沉沦于天堂命格，

只身托起一片天空。

它的巨眼光芒四射，

雕塑和文字展现在人们面前，

就这样，美妙的仪式是多么有趣。

葡萄牙对澳门的侵占不值一提，但令人惊喜的是妈阁庙还能在澳门保留它最优美迷人、最受人尊敬的风姿。从设计角度来说，这座寺庙比其他寺庙建造得更为完美、考究，也更多地保留了人们对供奉的女神的尊敬之情。这座寺庙位于海边，建筑师将其打造得是那么的优雅与和谐，以至于我们认为这是一座不可思议的伟大建筑。

妈阁庙坐落于澳门城西北约半英里的地方。它隐藏在拱北岛的青翠山峦之间，可俯瞰内港，风景宜人。由于妈阁庙建在一处凹谷里，且附近树林郁郁葱葱，人们只有到了它的面前，才能察觉到它的存在。庙前那直插入云的旗杆与飘扬的龙纹彩旗，就是它存在的象征。

妈阁庙前有三座石碑，用姓名、官职、事迹的形式，分别彰显出某些达官贵人想要流芳百世的想法。庙前有一片空地，位于妈阁庙与海湾之间。如图中所示，我们可以发现，这里也有摊贩、水手、变戏法者、虔诚进香的香客、官员、士兵与乞丐。在清代，这种场面随处可见。

妈阁庙的伟大不在于它的建筑多么宏伟，而在于它细节的处理。在如此小的范围内，建筑、石块、树林以及行人，组成了一幅美妙的风景画卷。特别是在建筑上保留了自己的特色，在矮墙上有花式方格组成条块与纹路，我们从中能准确地看出其上所绘的文房四宝、花鸟鱼虫及武器道具。

澳门妈阁庙原名妈祖阁庙，始建于明朝弘治元年（1488 年）。庙内主要供奉道教女神妈祖，妈祖为保佑出海者平安的重要女神，因此亦名天后宫。据说，当年葡萄牙人在澳门登陆，不知地名，便问当地人。此处恰好位于妈阁庙，所以当地人说这里是妈阁庙。从此，澳门的外文名字就成了"Macao"。

那段时间，在教徒殿宇之间依靠，

你放弃了一切，隐藏于喧嚣寺庙，

在每个人面前微笑，

你告诉痛苦的世人；

不要隐瞒，要敞开心扉，倾心祷告。

如果你仔细观察就会发现：罗马公教传教士与佛教僧侣在某些行为举止上没有什么不同。许多传教士也承认这一点。他们中的一些人，尽管学识和思想无可匹敌，但在这一巧合上，却表现出与其不相称的特点。因为**基督教教堂的出现**，妈阁庙的信众也在生活方式上与基督教徒极为相似。在生活方式、祭拜方式、行为举止上传教士与僧侣的相似之处相当多，以至于每个到过妈阁庙的传教士都很惊奇。

澳门有一个极大的僧侣机构，这也是和尚的住处之一。如图中所示，和尚穿着简朴的衣物，他们的生活来自他人的施舍。寺庙的墙壁绝对不似和尚的衣服般简朴，而是装饰着大量壁画、浮雕与其他雕刻品，这就是呈现出的富裕、优雅外表的和尚之家。

进入妈阁庙，要经过一道装饰优雅、精致、尽善尽美的主门廊，主门廊的柱子下面安放着大量精美的瑞兽，装饰制作十分考究。接着，妈阁庙的主殿便呈现在人们面前，这里是进行各种佛教仪式的场所。高高的祭坛恰好与门外所见的大圆窗遥相辉映。当阳光照进来时，佛像的结构就会一览无余。那些正在膜拜的信徒，让人不知说些什么。

佛像周围，还有众多售卖香火、灯笼、彩饰、战旗等物品的摊贩，他们将膜拜者的目光几乎全部吸引了过来。和尚们也不甘示弱地将一种写有膜拜者心愿的红纸卖给他们，这是佛寺收入的来源之一。佛像后面往往还有一扇门，通向更远的地方，那便是食堂和僧寮，外人只能带着艳羡的目光望向那里。

妈阁庙内主要供奉的是妈祖娘娘。那个身着彩衣、一脸悲悯的就是妈祖娘娘。当地人曾多次扩建妈阁庙，才形成现在的规模。据说，当年整座庙宇被毁，唯有妈祖娘娘的神像保留了下来，人们认为是妈祖娘娘下凡保护了神像，自此这里的香火更加旺盛。

第十八章

南京的官宦家庭

事实上，我们并不知道，

在这里也有温文尔雅的家庭一角。

在这里，也有聚会和礼貌，

这就是中国，君行正道。

在中国，一个官宦之家的府邸往往比任何一幕历史剧更能表现中国人的生活方式。如同古罗马一样，中国人的住房用来居住的房间很多，但尺寸都会受到严格限制，而且都会离大门有一定的距离。从大厅到前院、门廊，一直通向这些房间的黝黑狭窄的路，令初次到来的人晕头转向。

图中所示的是一间内宅，可能是一间闺房，旁边有老爷、夫人、用人与孩子，前厅不可能发生这种情况。旁边有两个货郎拿着货品，应该是来展示兜售的。清朝时期的其他东方国家，如印度、波斯，人们习惯于半躺在地毯上，而中国人却还是喜欢坐一些并不舒适的椅子。女主人的椅子应该是竹子所做，椅子的坐垫、帷幔全部由丝绸织成。站着的那位是一家之主，他离窗户更近些，也许是方便自己抽烟。

我们发现，中国女性的时尚装束并不占上风，相反人们更喜欢传统样式。女性在装束上唯一有变化的就是头冠。这位女主人的头发整理得锃光瓦亮，一般妇人会将头发绾起来，放在头冠之下，再用金簪或银簪拢住。头发的前面，还会有一条束发带，顺在前额上。

即便什么都不懂的人，也不会分不清女主人与用人。因为用人一般都会戴一个手镯，作为区分的标志。在用人旁边的那个令人发笑的梳着两个小辫的就是这一家的希望。

第十九章
通州的茶摊、猫贩子及顾客

可恶的猫，为什么又吃了我的心爱之物？
还假情假意，请求我的饶恕。
那些老鼠，才是你的点心，
可你宁让它们集群，到处分布，
也不尝试去逮住它们，保卫房屋永固
猫，真是可恶！

距北京 12 英里，白河再也不能航行载重商船的地方，就是通州府所在。这座城市拥有 60 英尺高的城墙，因为是对外港口而贸易活跃，但令人惊奇的是，这里人口众多却都非常贫穷。南方各省的特产，及那些为逃避关税而私运的货物，都在这个口岸停靠，接着装车运往首都。马戛尔尼的使团也曾经过此处，在此会晤中国官员。但通州的贫穷也给他们留下了深刻的印象。

　　通州码头的附近有一些茶棚，专门为船工和游手好闲的人提供茶饮和食品。在中国，茶是一种最常见的饮品。茶摊老板往往会站在竹竿支起的帆布篷下，招呼客人饮茶。茶杯整整齐齐地摆放在大理石桌面上，桌子的一角是保温的炉子、茶壶和茶叶，由茶摊老板看管。

　　图中所示的就是这一场景。我们可以发现包括茶摊在内的很多物品，如茶摊的支撑架、猫贩子的竹笼、水手的草帽、顾客的手杖和肩挑的扁担，远处船只的桅杆、船帆……全都是用竹子制成的。

　　通州始建于西汉，元、明、清时成为北京的东大门，扼守要冲，地理位置非常重要。作者说清代的通州非常贫穷并不正确，从中国的很多资料可以发现，通州在清代被称为"皇家码头"，繁忙程度不亚于香港。当年马戛尔尼也曾称通州为"天下第一通漕之处"。其繁华程度可见一斑。

第二十章
从深井岛眺望黄埔岛

你赞美挺立的船帆，

如同天上美妙的云彩，

它将要赴海洋的盛宴。

在英国对清朝的陆军和海军获得绝对优势之前，黄浦江仅被看作是商船前往广州不得不经过的水路之一。从虎门逆流而上，一路上可以看到两道关卡。第一道关卡位于入海口；第二道关卡在一群小岛的东边，其中最重要的小岛被欧洲人称为法国岛、丹麦岛和黄埔岛。之前，这里还允许水手上岸，享受登陆的欢乐，但他们必须小心翼翼地顾及当地人的风俗习惯。

在这群小岛中，有一座岛被慷慨地赠予外国人做墓地。不过，有人声称，英国人、美国人和其他国家的人经常饮用烈酒，酒后闯入当地人的寺庙，大加嘲弄。丹麦岛西边的法国岛就是这幅插图的侧景。

黄埔岛与周边的小岛所呈现的美丽景色，是很多重要事件上演的舞台。黄埔岛距广州城10英里，位于通往广州的交通要道上。这里本该运用各种手段加以巩固，不惜任何代价加以保护，但当地官员却丝毫不在意。因为朝廷太过依赖穿鼻、大角头、虎门以及老虎岛等几个要塞，结果在鸦片战争末期，英国军舰"摩底士底"号能长驱直入向广州城进发。尽管黄埔岛附近的炮台极力挽救——砍下树枝扔到河里、凿沉大船充作暗礁，可他们却不知英国的军舰早已换成蒸

汽船，这些丝毫不起作用。

清朝时期，黄埔岛只是一个普通的小渔岛，是渔民打鱼休息的地方。后来，黄埔岛得到开发，成为中国对外贸易的重要海港，清朝粤海关黄埔分关设在这里，曾经商贾云集，盛极一时。

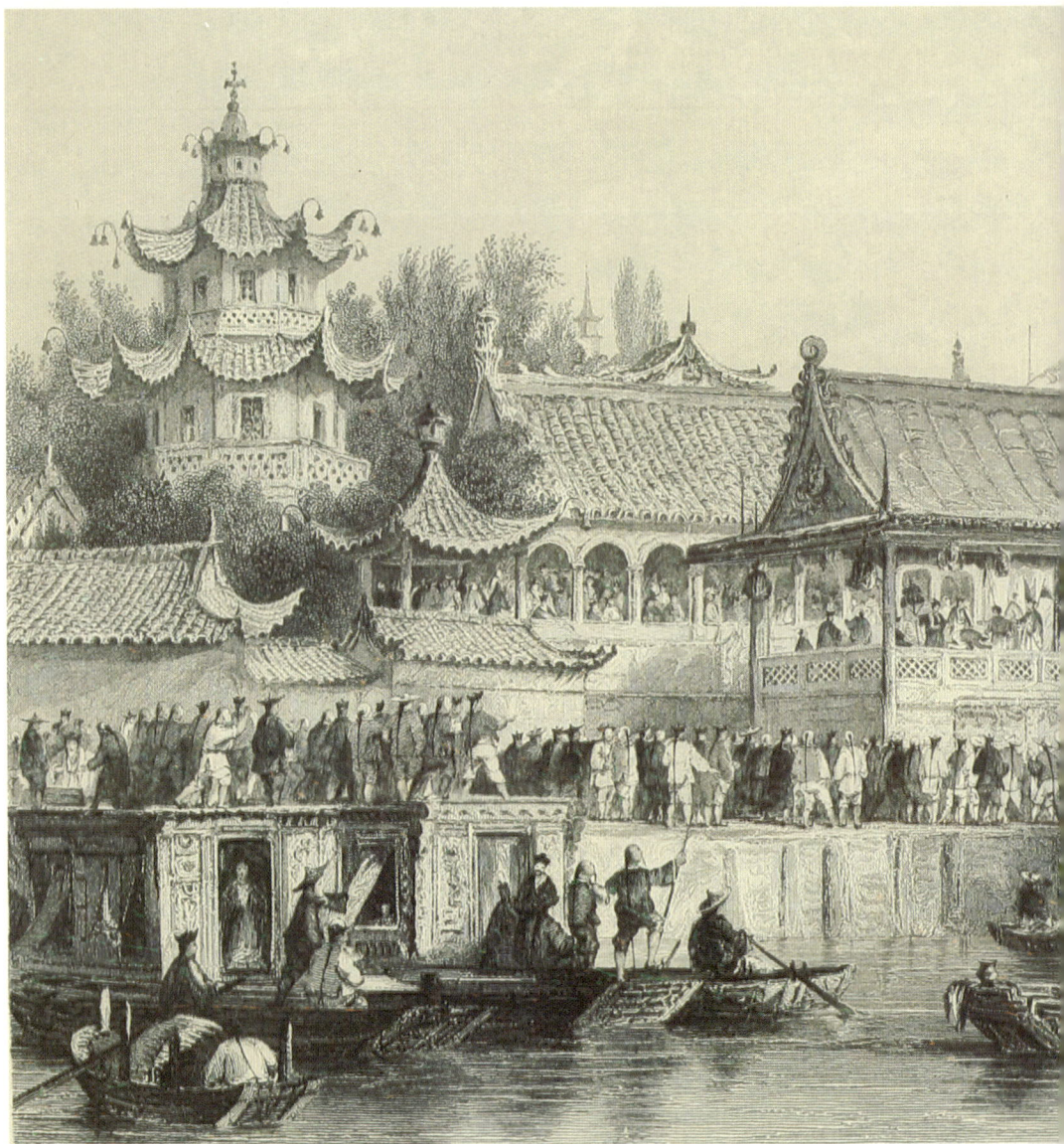

第二十一章
天津的剧院

哦！各色人等正在剧院纷纷登场，
演员们的每个动作尤为夸张，
如行云流水般登堂入室。
观众为他们刻画人物入木三分拼命鼓掌，
为剧院喝彩，赢得赞誉反响。

清朝的北直隶省，有一座比帝国其他城市贸易额更大、人口更稠密、经济更富裕的城市。虽然这座城市不属于一等城市，也没有自己的管辖地区——它就是天津卫。

　　该城位于临清州大运河与来自北京的白河交汇之地。所有来自中国东北各省运送木材的船只，从辽东湾起航后，都会来到这个距北京仅60英里的港口歇脚或卸下货物转口买卖。很多欧洲人探访过这座东方的"利物浦"，商业交往教导人们礼貌客气。跟中国的其他地区比起来，外国人在这里受到的接待更加慷慨，在这里逗留受到的限制也更少。

　　白河与卫河的交汇令天津这座城市很早就拥有了商业上的重要地位，前者如同中转站般与首都（80英里）和大海（50英里）相通，后者则通过运河与南方各省相连。在一些热闹繁忙、人口稠密的商业城市，人们对劳动者的唯一担忧似乎仅是他们体力的耗尽。因此人们尽可能组织五花八门的公共设施，即有大量的茶馆、饭店、礼堂和戏院为劳动者服务。有足够的证据表明，这些场所，是他们最大的主顾。也许，这个说法对天津更加适用，天津以北直隶省以重要的贸易中心而著称，也以它无尽的娱乐消遣和寻乐场所而驰名。

　　金以前，天津一直处于黄河与海河的冲击下，城市时有时无。明成祖朱棣因定都北京，将天津作为拱卫北京的主要防卫之地，改名天津卫。清朝沿袭明朝旧制，仍名天津卫。1860年，英法联军占领天津，天津成为租借城市。正因如此，天津与外国的交往与日俱增，港口航运繁忙，经济和战略地位越来越重要。

第二十二章
虎门战役

中国人的机智在此役全军覆没，
与大英的雷霆之战只剩舰船残破。
帝国的舰队最终并未得以挽救，
他们并不知尼尔森的指挥如此神奇，
希望他们并未日薄西山、永远没落。

在战争中我们发现，清国人总喜欢对"喧嚣吵闹"寄予很大希望，指望着能用"喧嚣吵闹"和夸张的词语令他们的敌人感到恐惧，同时用虚张声势的手段激发人们的敬畏。八旗子弟的军服往往制作得像虎皮一般。没错，他们的盾牌与大炮也同样绘着凶猛而活跃的动物头像。

帝国最著名的炮台便是虎门岛的炮台。我们能看到，珠江上的那条窄口被命名为虎门，被数量惊人的大炮所庇护。珠江的入海口在穿鼻炮台和大角炮台之间的区域收缩为一条约 2 英里宽的河道。从穿鼻炮台开始，海岸向东延伸，环抱着一个被称作"晏臣湾"的浅滩，距离穿鼻炮台 3

英里的地方，是另一座炮台——亚娘鞋炮台。在大角炮台的北面，有两个岩石嶙峋的小岛——上横档岛和下横档岛。在这两座小岛与亚娘鞋岛之间，便是大名鼎鼎的虎门。再往北约 2 英里，便是大虎岛。亚娘鞋炮台一直防守坚固，上次战争之前便装备了 140 门大炮；正对面的上横档炮台则装备了 165 门大炮。在下横档岛与亚娘鞋新炮台之间，傍晚时分便会竖起一道由铁链构成的水栅，部分地方被木筏支撑。船只需要拿出通行证才允许通过，那些碰巧在水栅竖起之后抵达这里的船只，只有等到天亮才会被放行。

　　琦善认为，建立这些炮台的目的，并不是阻挡英军的前进，更可能是恐吓商人。的确，虎门炮台在这次战争[①]中并没能阻挡任何英军船只与士兵。1841年，巴麦尊爵士奉命占领并摧毁亚娘鞋炮台和横档炮台，强行通过虎门。"加略普"号和"萨马兰"号炮击了上横档炮台，而已经在下横档岛站稳脚的榴弹炮同时开火。英国炮手的迅速和准确很快就压住了清军的火力，中国军队望风而逃，英军在没有任何抵抗的情况下实现了登陆。这场胜利让英国人得到了香港这个庇护所，它究竟会给中国贸易带来怎样的改变，殊难预料；不过，其他通商口岸的开放无疑会削弱对广州的依赖，这一点显而易见。

　　虎门战役是第一次鸦片战争中的战役之一。1841年 2 月英国舰队向广东虎门进逼。清军提督关天培向总督琦善请求增兵，琦善不允。23 日，英舰向虎门一带进攻。关天培率领所属部队固守横档、永安、靖远、镇远各炮台。25 日，英军从横档登陆，次日攻破各炮台，关天培在靖远炮台率兵抵抗，负伤数十处，仍与英军搏斗，英勇战死。虎门陷落后，英军进入珠江。

____
[①] 此处指第一次鸦片战争。——编者注

49

第二十三章
东昌府的售饭摊

"售卖米饭"这声尖叫来自远处，

随之而来的饭香令人凝驻。

一碗香饭摆在面前，充满甜蜜的味道。

尊敬的女士，你可以卖给我这碗香饭充饥么？

当然！一枚银钱落地，一碗香饭入肚。

东昌府是大运河上的另一个港口，被称为"江北一都会"。这里的各色人等都不缺少，当然为了这些人的饮食问题，饭馆也不可缺少。

运河沿岸，可见林立的饭摊。饭摊前所呈现出的场景，旅行者经常熟视无睹。但是，为了缴税而设立的兵站，令过往的商船不得不停下来。水手便借着这个机会歇息片刻，让自己恢复体力。成队的士兵正在接受检阅。监工结账的时候，水手缓缓围坐在一个竹竿撑起的大伞之下。这个简易却风景如画的旅客接待处的女主人正在给食客拿来碗筷及其他用具。

水手们围坐在一个炉子的周围，摘下头上的草帽，捧起手里的大碗，狼吞虎咽，大快朵颐。同西欧一样，在中国，烟斗也是劳工们个人财产中必不可少的组成部分。与西方人相比，东方人的烟斗格外长，当你把它插在口袋里时，总有相当长的一部分伸到外面。

东昌府的郊区生长一种烟草，叶子细小，有毛，且有黏性，花的颜色呈青黄色，边缘演变为淡玫瑰色。这里还出产大麻，但数量很少，它更普遍的用途是跟烟草混在一起，而不是用它的纤维生产布料。

明清两代，东昌府得益于京杭大运河漕运的兴盛，经济繁荣，文化昌盛达400余年，成为沿河九大商埠之一，被誉为"江北一都会"。

第二十四章
舟山群岛上的英军营地

寂静的夜，一切都进入梦境，
绿色的林地、蓝色的海洋环绕在军士身旁。
但仍有一人未眠，清脆的马蹄在山间回响，
原来是将军，正在探查四处，部署军情。

舟山群岛位于杭州湾的东面，由几百座小岛组成，这些岛屿看上去曾经是相邻大陆的一部分。季风的方向，潮涨潮落的力量，日积月累地冲走了松软的沉积物，只剩几根石柱耸立在海中，就像一个个金字塔形的小岛。这些小岛之间的水流是如此猛烈，以致在此处航行都是危险的。只有熟悉岛屿位置的中国人才能利用这些海峡，做商业通道。

舟山群岛全都是粗糙的原始状态，由红色和灰色的花岗岩组成。它们呈现了独一无二的地表构造，山峰往往会高出海平面1500英尺。但是，在这些小岛上竟然没有一平方英里的土地被农业化的耕作所征服。舟山岛是这些群岛中最大的岛，群岛的名字也因此而来。舟山岛周长50英里、长20英里，最大宽度10英里，最小宽度6英里。这些小岛组成了一个县，县治所在地是定海，属于宁波府。从海上靠近舟山，眼前的风景显得格外美丽：山峦叠嶂、色彩纷呈，深壑大谷远远延伸，在入海口处被高高的防波堤封闭，防波堤上安装着防潮闸门。

岛内的风景也一样令人愉快：高耸的群山俯瞰并庇护着富饶的深谷。在那里，水稻、棉花、大麦、玉米、甘蔗、烟草、桃树、李树、茶树、栎树和杨梅等都用多姿多彩的形态和五彩缤纷的颜色装点着岛屿。在山峦叠翠中，它们显得蓊郁葱茏。茂密的树丛、如画的寺庙，装饰着显眼的高地。可航行的河流在已开垦的平地上交叉密布。岛上没有大河，但山间小溪却不计其数，溪水被当地人引入水库。攻陷定海后，英军第26步兵团曾一度驻扎在这里。

从唐朝起，舟山群岛就归属于中央政府。1687年，清康熙帝设定海县，属宁波府。1840年，英国舰队炮击舟山群岛上的定海县城，第一次鸦片战争由此爆发。

倒下的墙壁，燃烧着火焰，
伴随它们的是呼啸的子弹，
一道道愤怒的闪电，
将眼前的一切摧毁，不再重现。

舟山群岛的水面长约3英里，宽约1英里。船只驶进港口时也须小心翼翼，因为各小岛之间到处都是强大的洋流，洋流交汇处便会形成巨大漩涡。此地的商业区位优势很早便被当地居民所利用，因为早在2世纪，这里就有一座繁荣兴盛的大城市——定海。历经数次更名后，在清顺治帝统治时期，定海毁于战争。1684年，康熙帝又重建了这座城市。1700—1757年，英属东印度公司在这里开设了一家大型商行。

1840年7月5日，英国女王陛下的旗帜开始飘扬在这座属于天朝帝国的美丽小岛上，那是欧洲人的旗帜第一次飘扬在这个鲜花之国的上空。也许，描述这次轻而易举的征服，几句话足矣。当天的14∶30，"威里士厘"号战舰率先开火，清国的战舰和堤道及炮山上的大炮组成的整个阵线对其给予回击。对此，英国战舰马上舷炮齐发，仅仅9分钟后，舟山的重要码头、要塞和建筑便化作一堆浓烟滚滚的废墟。英国军队在被遗弃的海滩上登陆，身边是战死者的遗体、折断的长矛、刀剑、盾牌和火绳枪等。他们谨慎地向定海城推进，那天剩下的时

间里，他们一直静候在定海城的防御工事前。第二天清晨，英军顺着城墙搭起了云梯，登城的命令发出后，短短几分钟，这座城市便落入了英国人之手。

1841年10月1日，英国舰队再次来到舟山，要为清国的虚伪和欺诈而惩罚岛上的居民。但是，英勇的定海总兵葛云飞充分预计到了英军的进攻，率领清军将士发起了顽强抵抗。最后这位英雄和他的部下全部被杀，伤亡惨重。冲突双方的力量悬殊可以根据死伤比例来判断。一方有大量伤亡，而另一方的英国却只有2人战死，28人受伤。

舟山之所以出名，既是因为它与鸦片战争相关，同样也是因为它的地理位置。舟山的港口所呈现的景象，世界上任何类似的地方都无法超越，而且港湾的安全性也很完美。但在鸦片战争期间，这个富庶而美丽的地方先后两次陷于英国人之手。一次是在1840年7月5日，另一次是在1841年10月1日。

人类永远追寻欢乐，

但不知它位于何处。

也许，它就在我们身边出没，

是的，这就是晚餐——灵魂的钟声就此响彻。

通常来说清国官员的宅邸更像是艺术品的收藏陈列柜，而不是积极审慎之人的家。这些官员凭借自己的智力优势，登上了一个备受公众瞩目的位置。大家感觉，这些人就应当凭借着超群出众的美德来保住他们的社会地位。但毫无疑问的是，他们的宅邸所展现出的虚荣浮华却与这些高尚的品质搭不上边。

如图中所示的这座官员宅邸，正厅及其他房间的家具陈设昂贵而华丽。天花板与墙上装饰着回纹饰、硬木雕刻以及鲜艳华丽的墙纸。一般在饮宴场所，餐桌上都会摆满各种不同的装饰物：房屋正中间会有一个用玻璃、瓷器或白银做成的台子，台子上的瓷瓶中插着鲜花或熏香，台子四周还会留出空间用以摆放客人的餐具。椅子装饰着绣花丝绸，以及天鹅绒的坐垫和帷幔。东道主坐在餐桌的正上方，他的椅子一般会稍稍高于客人的椅子。其他人则落座在其余的位置，就像在欧洲各文明国家一样。

宴席上还有不少冗长的礼仪：东道主会向客人敬酒，然后客人回敬他；东道主的一举一动都受到关注和尊敬。拒绝敬酒的邀请是不可原谅的，除非以生病或公务为托词。在这种情况下，缺席者的份额以一种荒唐可笑的排场送到他的府上。饮宴期间，戏班子也会被置于房间的一端。班主一般会先呈上剧目单，但不管主人点什么戏，喧嚣嘈杂声、盘碟碰撞声、叮当声和嘘声总会盖住演出的声音。在这种场合下，一个外国人最渴望的事情就是让他们早点退场。正是这个原因，表演的中心部分反而以摔跤、蹦跳、腾跃，以及各种表现杂耍、力量和活力的技艺为主。所有表演中，演员所展示的力量都远远超出他们的戏剧效果，无疑会激起观看者的阵阵喝彩。

中国从古至今宴席都有规矩，但这些规矩，往往令外国人不能接受，一方面受习俗影响，另一方面也因中西方文化的差异。不过，作者能够如此惟妙惟肖地展现中国宴席，可见也对此下了很大工夫。

第二十七章

一位中国商人的豪宅

美丽的喷泉，

昼夜不歇。

院内各仆，

未有清闲。

在中国，大户人家的房屋往往都是一个建筑群。他们用尺寸和设计各不相同的建筑结合在一起，没有任何循规蹈矩的既定方法，但显示出他们丰富的想象力和无穷的智慧。在这个习惯于把所有女眷深锁闺中的国家，房屋是这样的：外部由阴暗的墙壁包围，内部却散发着愉快而安静的气息。尽管在中国建筑中看不出有什么艺术规则，但如果你认真分析其组成部分、仔细比较不同样本，便立即能发现中国建筑还是颇有体系可言。特别是那些看上去似乎多余的东西，往往能别出心裁。

欧洲人那些巨大的石拱门和雄伟的大教堂都是依据精确的数学计算，使用平衡材料而建成的。对比之下，中国建筑完全没有平衡材料的观念，他们十分荒谬地把屋顶横梁放在一个与西方建筑师所采用的那个呈直角的位置上，也就是说不可能形成一个巨大跨度的屋顶。不过，中国人却满足于比例相称的建筑。如果某位商人有足够的钱维护一个大家庭，他将不会单独建一幢大宅子，而是建造一个为家人独处和享乐而圈起来的小建筑群。它们的屋顶一般都很狭窄，在需要一个宽敞房间的时候，除了引入柱子之外别无他法。因此，中国房屋顶部狭窄这一特征被没完没了地重复。

无论欧洲人认为中国屋顶美还是丑，建筑师的才华正是建筑物的最突出体现。从图中我们能看到山墙上面奇特地装饰着蔓叶图案和金龙。建筑师的天才不仅体现于建筑装饰，他还必须能够在建筑群内部引入一个人工湖，岸边有假山和游乐场所，最终把大自然的鬼斧神工与人类技艺的华美创造结合在一起。小桥流水、山石林泉，全都打造成最奢华的形式，其布局中所表现出的奇思妙想，在外国人看来令人啧啧称奇，而且很难成功模仿。

作者所说的建筑风格仅限于岭南建筑，即广东的建筑风格。因广东雨多林多，所以在建筑上吸收中国古园林的建筑习惯，追求一种自然与建筑情景交融的风格。还因广东接受外来文化较多，也呈现出一种中西杂糅的建筑风格。

第二十八章
斗鹌鹑的船工们

错误的选择，临事者永远不知，

笑闹中，

有人欢喜，有人哀恸，

他们不知，

短暂的快乐，换来的却是永久的苦痛。

在每个国家，恶习总会占有一席之地。恶习的范围不论大小，连最优雅的举止和最严肃的法律也不能征服这片领地。伦敦和巴黎为我们提供了一个令人悲哀的证据。赌博是所有恶习中最令人痛恨的，在这两座大都市，赌博是贵族的特权，而在中国，它却几乎只局限于平民社会。每年有多少财富消失在跑马场、斗鸡场或牌桌上？有多少历史悠久的贵族家庭因慷慨一掷而破败沦落，伴随着霉运连连所带来的痛苦？

中国的赌博与英国非常近似，唯一不同的是，英国纸牌似乎更受欢迎。珠江上卖苦力的船工们，将忙里偷闲挤出来的时间都献给了赌博这项娱乐。疲累的小贩从暂时的奴役状态下解放出来，也把自己的悲哀埋藏在这种恶习所唤起的兴奋中。孩子们在某种程度上也可能会参与赌博，或者更准确地说，这一社会恶习在幼小的心灵中已经创造出一种欲望。卖水果的小贩有时也会借助一种博彩来推销他的商品。他拿出一个盒子和一粒骰子给顾客，让顾客押注赌他的水果。没错，先掷骰子是顾客的特权，最后赢家将把水果和钱都拿走。博彩销售也是物物交换的一种方式，各种各样的物品以这种方式卖掉。这种恶习如此盛行，以致老婆和孩子有时竟会成为这些赌徒做最后一掷的赌注。

骨牌、骰子和纸牌一直是这一恶习所使用的主要工具，象棋的使用也很普遍。另外"击鼓传花"和"猜拳"等也经常被使用。除此之外，还有一些赌博形式，在文明程度很高的国家也很常见，其中就包括斗鸡。斗鸡是清朝官员最喜爱的一种娱乐方式，这大概是从马来人那里引入中国的。还有斗鹌鹑和斗蟋蟀，但这并非男子汉大丈夫所为。中国人研究了各种不同的好斗动物，甚至扩大到了昆虫界。他们发现了蟋蟀，它们好斗的习性格外引人注意。两个小蟋蟀被放在一个碗或筛子里，蟋蟀的主人会用一根麦秆激怒它们，让它们陷入疯狂，带着莫名的愤怒互相攻击，以给观众带来莫大的快乐，给主持赌桌的赌徒带来可观的利益。

从古至今，赌博这种不劳而获的游戏形式都广泛存在。一夜之间获得万贯家财者有，但绝大多数都是赌得一贫如洗。虽然大多数人知道赌博的害处，但仍旧会奋不顾身地投入其中，也许是因为人们更喜欢刺激吧。

此刻，希望正在升起，

无论日子多么渺茫，

它都会带给人们永恒的希望。

在距离舟山群岛大约 12 英里的甬江左岸，耸立着被城墙环抱的宁波城。宁波城是浙江省的第四大城市，同时也是一座一流城市，它享有一处天然良港。宁波城位于甬江与姚江的交汇处，该位置既惬意又便利。

实际上，宁波城与日本的贸易一度十分活跃。我们从海上远望，可以看到一块平坦的土地包围着宁波城。该城向四方延伸数英里，最后被陡然升起的高山所限制，形成了一个巨大的椭圆形盆地。在这片肥沃富饶的土地上，村镇星罗棋布、六畜兴旺、五谷丰登。在中国，没有哪个地方采用的灌溉方式比富庶的宁波更方便、更巧妙，它利用了来自周围群山水流汇入的 66 条河流之水。

宁波的城墙延伸超过 5 英里，完全是用花岗岩砌成的，有 5 座城门通到城内，其中还有两座水门。水门是城墙上的两道巨型大拱，河道穿门而过，门上另有一道吊闸。进入城内，我们可以发现，宁波的建筑都很陈旧，而且数量甚少。只有一座高高的砖塔是宁波人在建筑上唯一值得称道的地方。宁波的街道比广州的更宽，店铺也布置得更美观，很多店铺都陈列着日本商品。18 世纪初，中国政府开始允许英国人在这里做生意，但后来由于葡萄牙人和俄国人的阴谋，再加上中国人的守旧，英国人被剥夺了这一颇有价值的特权，英国商人只能被限制在广州和澳门这两个港口。然而，最近的和约恢复了英国贸易的这一特权。宁波的对外贸易大概比中国任何其他自由港口的规模都要大，用它的丝绸、棉花、茶叶和漆器交换英国的羊毛制品和五金器具。

宁波城对外贸易发展非常早，从明代开始，宁波成为与泉州、广州同等开放的对外港口，清代亦然。也正因为其与外国的频繁交流，第一次鸦片战争结束后英国强行令宁波成为通商港口。

第三十章
厦门城的大门口

我看到，

那边城市的街道，

人来人往到处充满欢笑。

但我也看到，

那些精美绝伦的府第重楼，

不过是另一个竖满栅栏的监牢。

在福建的这一地区，海岸与乡村的贫瘠迫使当地百姓不得不依靠商业谋取生计，因此他们很早就明智地选择了厦门港和厦门岛作为容身之所。厦门是一个巨大的天然水坞，成百上千的船只可以在这里安全停泊，小岛为它们免遭季风带来的侵袭提供庇护，而且这里的水深足以停泊大型商船。

这个被陆地包围的港口，其突出的优势很快便吸引了泰国和越南的商船前来。英国人在这里开设了商行，直到中国政府强行要求迁往广州。禁止与外国人贸易和英国商行的迁走，似乎阻碍了当地居民的进取心和商业精神。但事实上，厦门才是当时中国海运的中心。如今，它已成为一个自由港，居民很多都是水手。我猜想，这里的对外贸易比宁波恢复得更快，虽然宁波与中国内陆的交通十分便利，这对扩大贸易起到很大帮助。

厦门的公共建筑不可胜数，而且都很宽敞，不过建造得却很粗糙。厦门城的大门与其说是宏伟，不如说有点笨重。城门的雕刻装饰中，龙的纹饰占据着最大的比例。此外还雕刻着孔子的箴言。高居于顶端的船形尖顶支撑着两条鱼，这样的象征比全国性的象征更合理、恰当，因为厦门海岸的深水渔业丰富得令人吃惊。可以说，厦门的全部人口都是航海人。许多年来，这里一直驻扎军队，有一家兵工厂和一家造船厂。1841 年，当英国舰队出现在厦门港的时候，英国人发现，这里的防备很坚固，由一支相当可观的八旗军队防守。有一个炮台，长 1200 码[1]，装备了 90 门重炮，还有很多单独的大炮；另一个炮台装备 42 门当时中国最重的大炮。在鼓浪屿（通往厦门的关口）有 72 门大炮，炮眼全都被沙袋保护着。

据《厦门志》第二卷记载，厦门城始建于明洪武二十七年，有城门四："东曰启明，西曰怀音，南曰洽德，北曰潢枢，各建楼其上。永乐十五年，都指挥谷祥增高三尺，四门增砌月城。正统八年，都指挥刘亮督千户韩添增筑四门敌楼，城内外皆甃以石；城北有望高石，可全收山海之胜。"只不过图中所绘究竟是哪座城门，已无可查证。

---

① 码，英制长度单位，主要使用于英国、其前殖民地和英联邦国家，1 码等于 3 英尺，即 0.9144 米。——编者注

第三十一章
元宵节

他们沉溺于迷信，
在灯光中
嘲笑我们的黑暗。

　　这是一年中最重要的节日之一，几乎每个中国人都会隆重庆祝。中国人很崇拜自然，以月亮的阴晴圆缺来制定他们的月份与时间。这与我们的历法很不相同。这一天，在他们看来是一年中月亮的第一次满圆。而这一天在欧洲人的历法中，大致相当于 2 月中旬。

　　实际上，在古埃及、古巴比伦等地也有这样的习俗，将每月的月圆之日当作神秘之日，只不过他们现在已经不再祭拜，而中国却流传了下来。这一天，中国人会祭拜祖先、赛龙舟、吃元宵，非常隆重。

　　阿罗姆很喜欢中国的节日，本书中有很多地方都提到了节日庆典。不过因为他使用的资料大部分是二手甚至三手的，并不完整和准确，我们应该加以鉴别。

第三十二章
大黄滘炮台

匆忙地——逃出，
从炮台到山下营幕。
这里不再有赞美的歌曲，
剩下的只有一地枯骨。

珠江两岸，风景如画，江水分成了数不清的小河道，让外国领航员一头雾水，不知所措，也给那些居住在沿河两岸、熟悉不同支流的人带来了无尽的满足感和现实的好处。广州以下的沿河地区覆盖着苍翠茂密的植被，只有人口稠密的地方除外。一些村庄掩映在蓊郁葱茏的古树林里，树林有时紧挨着奇形怪状的住宅，有时中间隔着一片果园、花园或游乐场地。中国生长的森林树木中混杂着很多稀有而多产的果树，包括桃、杏、李及其他开花的果树，给这片风景增添了绚烂的色彩。

有一个小岛似乎漂浮在运河（欧洲人称之为"澳门航道"）上，充当了大黄滘炮台的基地。一座四层高的宝塔被坚固的花岗岩挡壁所包围，挡壁上有枪眼，顶部有雉堞。宝塔的最初目的很难做出合理的解释；不过，联系到中国人的军事纪律体制，以及他们的战争艺术，还是可以解释的。警戒哨可以从高塔上发现正在接近的敌人，并对堡垒内的炮兵发出口令。然而，这一设计也有不便之处，即炮台容易被敌人发现，并因此使宝塔暴露于敌船的炮火之下，从而摧毁整个炮台。在这种情况下，火铳、火绳枪及所有武装人员都很有可能葬身于废墟之中。小岛的面积约1英亩，除了几棵高大的榕树所占据的空间之外，全都用于军事工程。那几棵榕树提供的庇荫让身披盔甲的士兵感激不尽，否则的话，毒辣的太阳会让他们吃不消。把要塞隐藏在树林中的做法并非局限于大黄滘炮台，它普遍盛行于中国人的防御工事。人们认为，榕树的庇荫不仅能保护士兵免遭灼热阳光的炙烤，而且还能保护他们抵挡敌人的大炮。正是这一自鸣得意或自欺欺人的想法，导致中国人在大炮中间建造了一座宝塔，设计者想当然地认为，它那盛气凌人的高度会警告敌军不要靠得太近。

大黄滘炮台建于珠江的江心洲龟岗上，在南海县境内。据《广州府志》卷十载："龟岗在石头乡东北，平地突起，巨石周遭数百丈，高三四丈，穹窿如龟背，石面纵横冰裂，作龟背纹。中有数石穴，清泉满注，冬月不竭。左右树木交荫。"

71

第三十三章
官宦之家玩牌的女性

牌就在这里，

但你必须拥有谋略，

计算失误将败于先知先觉，

即便如此，

痛苦、失望仍旧是最终结局。

今天，女性在各个国家社会中所占据的位置可以非常公平地拿来作为检测文明程度的一项标准：凡是女性的道德力量和智慧力量受到尊敬的地方，这个国家一定享有促进人民福祉的法律；凡是个人魅力构成了赢得爱或赞美的唯一根据的地方，暴政和奴役便普遍盛行。是的，大自然慷慨赐予的天赋既不能确保她有一个幸福的家庭，也不能平息其绝对主人的暴虐脾气。相反，在粗野的氛围中，超群出众的美貌倒是把奴役的链条固定得更加牢固，也使闺房的高墙修筑得更高，更将朋友或同伴的社交完全排除在外，最终把不幸的受害人永远封闭在与世隔绝之中。对一个暴君的反复无常，逆来顺受才是囚徒最明智的策略，也是留给她的唯一命运。即使做出了如此多的牺牲，也无法缓和丈夫天性的残暴和他惯有的粗蛮，因为居住在东方闺房里的这些无助的囚徒常常被当作祭品，以消除毫无理由的妒忌，或者为更受宠爱的竞争对手腾出地方。由此我们得出结论：凡是女性依然处在奴役状态、不允许她们参与社会责任和社会交往的地方，这个民族的习惯就必然是粗野的——在其教化的过程中，文明不可避免地受到阻遏。

中国上层阶级的女性恰好处于中间状态，即介于粗野和文明之间。她们被无情地剥夺了使用自己四肢的权利，任何时候，她们即便想外出，也必须藏在一个封闭的轿子里。这种隐藏被严格地遵守，以至于不那么富裕的人只好为他们的妻子准备一辆遮盖起来的独轮车——不是为了遮风挡雨，而是避免红尘俗世的眼睛向她投去歹毒的目光。尽管有着种种心怀妒忌的关照，但引人注目的是，卑贱阶层的女性却很少受到尊重：一个阶层是花园里的鲜花，另一个阶层是森林里的野花；一个阶层饭来张口、衣来伸手，备受呵护，另一个阶层却在荒漠

的空气里浪费她们的芬芳。我们常常看到，穷人的妻子在稻田、棉地和蚕室里劳作，她的孩子被牢牢地束在背后，而她的丈夫却忙于抽烟或赌博。

在官员的府邸里，只有一个至高无上的女主人，其他所有女眷都要服从她的权威。令这个古老帝国蒙羞的是，一夫多妻制在这里依然存在，尽管形式上比其他国家有所缓和。很多社交娱乐活动与家里的女眷无缘，无事之时，她们只好坐在一起玩纸牌。只有那些最刻板、最挑剔的人才会反对她们沉湎于这一古老的游戏。在中国，人们所熟悉的赌博游戏数不胜数。其中有很多游戏需要相当程度的智力。就形状而言，中国纸牌比欧洲人玩的纸牌更长、更窄，一副牌所包含的数量也多得多。当纸牌失去了令人愉悦的魅力时，烟草的引入便提供了消磨时间的法宝。女性从8岁起便开始培养这一恶习，每位女士的衣服上通常挂着一个丝绸小烟袋，拿着一杆烟筒。不过，如果我们还记得她们与世隔绝的生活是多么单调乏味，这些打发时间的娱乐消遣还是可以原谅的。

中国的封建社会，女性一直处于从属地位。相比于生活悲惨的贫民妇女来说，贵族妇女要幸福得多。但是，与贵族妇女相伴的除了深院高墙，就是每日的百无聊赖，因此只好打牌度日，作者描绘的正是这一场景。

第三十四章

长城的尽头与北直隶湾

　　这是一处拥有邪恶山峦形象的地方，那断裂的山谷和破碎的山峰，与不远处狂暴躁动的大海交相辉映。装备精良的小船在这里航行，所遇到的与平常在海中遇到的风险别无二致。但如果是平底船或木筏在这里航行，那么水手的安全就不一定能保障。船只的高度令船的侧面很容易受到台风的袭击从而倾覆，如果水手的驾船水平不高，那么恶劣的天气便能赢得这场恶战的胜利。

　　如果一只船离开北直隶湾的一处港口，人们对它成功与失败的预测可能性各居其一。如果命运之神眷顾他们，船主和货物将会平安到达，皆大欢喜。但如果命运之神没能眷顾呢？根据比较可靠的消息得知：从白河口出发的商船，每年都会有 1 万名水手在这片惊涛骇浪中丧生。

人们相信，神的力量就凝聚在罗盘之内。因此，很多船上的罗盘后面，都会摆设香案，用蜡、牛脂和沉香制成的蜡烛会一直燃烧。这支蜡烛的作用有两个：一是为海上的船员祈祷；二是可以根据蜡烛的长短，确定时间。不过，他们的行为是徒劳的，不可能有抗衡那搅动整个海湾的狂风的势力存在。

北直隶湾是世界著名的海湾，拥有良港十余处。这里见证了从鸦片战争以来的诸次战争，承载了整个中国近代史。

第三十五章
石门

两条可爱的小河奔流，
正如呼吸新鲜空气的双胞锦绣。
在石头大门之前分流，
它们穿越而过，
滋润远方净土。

中国人对风景如画的地方有一种本能的热爱，在江南诸省，他们纵情沉涵于自然风光，其方式和程度让我们不由得敬佩。在石门上下游数英里的范围内，这条河被包围在陡峭突兀、岩石嶙峋的两山之间，其间点缀着富饶肥沃的农田和高地。山峦后面的乡村则大异其趣，那里有一片宽阔的沼泽，很难从构成河床的山脊中把水排出去。在这片岩石嶙峋的山峦中，几乎找不到一条让沼泽地里多余的水排出去的通道。当地百姓只好把这片荒野交给野生动物，自己则聚集到水边，占据着山脚下那伸出的岩架，或某个幽暗池塘的附近，池塘里长鳞的宝贝能给渔民们长年的辛劳带来丰厚的回报。当平底帆船驶入这条河的时候，水流的速度不断加快，直至石门的两个巨大石柱之间，水速达到最大。在那里航行需要加倍小心，两座山峰环抱着蔚蓝的苍穹，突然扑面而来，即使最警觉的人常常也会被弄得不知所措，错误估算它们之间的距离，从而撞上岩礁。周边地区，石灰岩非常普遍，但在临河的一侧，似乎横卧着一种角砾岩；事实上，把石门附近的石头描述为大理石也并非虚言，尽管当地人并不认为它们有什么装饰价值，也不用它们烧石灰。

另一侧，就在粗糙石柱的下面，有一些很深、很隐蔽的小湾，为商船提供了安全的码头。到处都能看到平底船停泊在这个天然的码头边，紧挨着壁立万仞的悬崖。收缩的河道对水体产生了猛烈而有力的影响，从而在这里形成了一个深水区，有利于水上运输。在这个深水区，聚集了大量鱼类，人们借助受过训练的鱼鹰来捕鱼既容易，又有利可图。在石门之间捕鱼的特权是以很高的价钱从地方政府那里租来的。

作者所说的石门位于湖南常德。《舆地广记》载："吴时武陵充县松粱山，有石洞开，广数十丈，名曰天门，孙休以为佳祥，置天门郡于此，隋废郡，置石门县；今县西有石门山。"

第三十六章
染丝作坊

时时刻刻它们都在倾吐一切，
蚕丝的增加令人没有一刻清闲，
正在舒适的衣物中享受的人啊，
你们可曾知晓它们的来历？

将打算用于缫丝的蚕蛹杀死、中断自然状态的生产之后，纯粹地收集蚕丝的工作也就结束了。养蚕的周期很短，在法国仅仅六周，说到收获所产生的回报，其速度之快、把握之大，莫过于此。在一个贸易不是通过公司、社团或合伙企业来经营，而是靠个人努力的国家，养蚕和生产丝绸就显得特别合适，投资少，获利快。女性的时间和才能大多投入了这个行当；她们要么从事摘桑养蚕、剥茧缫丝的工作，要么从事一般性的管理工作。有时候家里的家长购买蚕茧，这样就避免了养蚕的繁琐，让他的女儿们把闲暇时间全部用于缫丝。当然，也有一些大型养蚕场或工厂，那里生产的丝绸明显是准备出口的，但一般而言，丝绸产品是供国内消费的。

中国人不喜欢外国人，因此这里不像其他国家那么关注外贸。此外，五行八作的生意在中国都被人们瞧不起，就像在雅典和罗马一样。

图中所示，在一个 1～2 英尺深的池子周围，排列着棚屋或敞开式走廊，适用于漂洗和准备缫丝等不同工序。在一排走廊下，女性在从事不那么辛苦的工作：把从蚕房拿来的或者从缫丝厂买来的生丝用卷轴卷起来。生丝从卷丝工那里依次被转交给漂洗工、染工和漂白工。

欧洲人把生丝分为三个等级：经丝、纬丝和乱丝。经丝捻得很紧，被用于最好的丝绸；纬丝捻得不那么紧，用作纬线，质量次于经丝；乱丝则没有捻，包括短丝、断丝和次品丝。这些乱丝被收集起来，经过梳理，再像棉花一样被纺成丝线。丝线最初的本色在不同的国家有所差异，但差别不大。在英属印度，我们发现丝绸有黄色、法国白、浅黄褐色；在中国，它通常是黄色，而在西西里和波斯，同样是盛行黄色；迄今为止我们所知道的唯一的天然白色丝绸来自巴勒斯坦。

哦，它支配着他们的生活，
它给予了他们所有的一切，
就像血液在血管里流淌，
这就是，稻米！

东方众多人口稠密地区的形成，要归功于高产的水稻。这是一种朴素的禾本植物，大自然赋予它在沼泽或水地里生长的特性。毫无疑问，如果没有改良和耕种地表的能力，中国和印度的广大地区至今依然会贫瘠而荒凉。因此，当我们努力探寻一些最显著后果的真正原因时，细致而精密的分析往往会得到相当简单的原因。

从最早的时期起，这种粮食的发现和栽培似乎从物质上影响了民族的命运。水稻在被引入埃及和希腊之前，在一些东方国家早已被人所知，因为普林尼、第奥斯克里德斯和德奥弗拉斯特都说到过从印度进口稻米。的确，在他们那个时代，地中海沿岸很少种植水稻。

然而，在最近的三个世纪里，水稻的种植变得十分普遍，它在热带国家所占据的地位，就像小麦在欧洲的温带地区，以及燕麦和黑麦在更靠北的地区。在美国，尤其在卡罗来纳州，种植水稻成了农业人口的主要职业，水稻是海上出口的主要产品。水稻在1697年被移植到北美地区。

除了中国和印度之外，马来及邻近岛屿也都极其关注这种作物的种植；日本人、斯里兰卡人和达维亚人也尝到了这种作物的好处，它不仅半年收获一次，而且同等面积的土地其产量是小麦的6倍。对健康食品的喜爱遍布于德意志各国，南纬度地区，由于长期栽培，它获得了引人注目的耐力，适应了当地的气候——这种情况被学者用作论据，来支持栽培外来植物。

在中国，稻米是生活的第一必需品。中国人一日三餐都少不了稻米，以至于"饭"这个字进入了很多跟吃有关的复合词："吃饭"成了用餐的统称，"早饭"的意思是早餐，"晚饭"的意思是晚餐。稻米无疑是一种容易消化、有益健康的食物，尽管有人认为，它所包含的营养成分比不上小麦，但它卓越的品质、极快的生长速度，以及低廉的价格，使得它非常适合作为普通人的果腹之物。

第三十八章

种植水稻

农民来到他的田里，
将泉水引入其中，
水从山顶流到山坡，
一直进入他的田里。

在中国，稻田一般由整齐围起来的空间组成，环绕它们的土堤很少超过 2 英尺高。耕田主要利用非常原始的农具完成，这些农具包括一根梁、一个手把和一片犁刀，但没有犁壁。然后要用上水牛，拉动装有木齿的有三道梁的耙。这之后，泥土被认为充分疏松了，就可以播种了。种子一般要在事先准备好的药液中浸泡，才能非常稠密地、几乎是直接地播撒在育秧池中。当然，池里也必须引入一层浅浅的水。

几日后，幼苗就能长出水面。这是移栽的信号，秧苗被连根拔起，剪去叶片的顶端。

最后一道工序要么借助于犁开出来的沟，要么借助于手铲铲出的敞口洞。经验丰富的老手插秧的速度非常快，能在 1 分钟的时间里插下 25 株秧苗。 每片稻田都被分成许多块小的围田，通过围堤上的一个缺口，很方便就能把水引进任何一块围田。有时，一条自然形成的小溪就能供应足够的灌溉用水，但更多的情况下，农民为此要付出艰辛的劳动。灌溉工作完成后，水稻便开始迅速生长，这时禾秆高通常在 1 ～ 6 英尺。

当作物接近成熟的时候，水闸关闭，不再给水，成熟的谷粒很快变成微黄色，邀请农民来收割。镰刀之下，稻子倒伏一片，地面由于蒸发和吸收完全干了，随后，一捆捆的稻子被挑走，然后脱粒、扬场、晒干，颗粒归仓。

第三十九章
踢毽子游戏

掷骰子、出牌，
危险不离左右，
只有带羽毛的球，
才能显示出男子汉的英姿。

在卫河和闸河交汇处，有一座气势宏伟的八角形宝塔，共有九层，向上逐层收缩。从宝塔的底层至水边，地面微微倾斜，这片令人愉快的场地是临清州百姓休闲娱乐的好地方，往往呈现出欢乐的氛围。

变戏法的人在这里展示他们无与伦比的绝技，纨绔子弟们和各色各样的赌徒聚集在这里，做着使人消沉颓废的勾当。然而，还有更多的人在做着有点孩子气的活动。这些活动或许与他们的年龄不相符，但运动中所表现出的优点却完全比得上周围的人所做的严肃行当。

放风筝是一项深受喜爱的娱乐活动，世界上大概很少有哪个民族能像中国人那样把这种简单的装置放飞得那么高。不管老幼都可以参与这种天真的娱乐。

踢毽子也是一项有益健康的娱乐活动，中国人对之抱以极大的热情，西方人很少有这样的热情。五六个人围成一圈，依次单脚踢起毽子，不能使毽子落地，失败者依次退出，直至剩下最后一人。这个人理所当然就是赢家了，不管他赢得的是什么奖品，大家都乐在其中。

清朝时期的临清州是一座因大运河而兴起、存在、繁荣的城市，图示的背景便是临清州著名的舍利塔，与通州燃灯塔、杭州六和塔、镇江文峰塔并称"运河四大名塔"。万历三十九年刊《临清州志》载："州人大司空柳佐起建舍利塔，九级，九年成。登者不至绝顶可见泰山高耸玲珑。"汪大年《登塔微见岱宗》云："登高分岱色，即想众山低。松去惟留石，云疲间作霓。半空天乐发，绝壁异人栖。每忆曾游处，莓苔满旧题。"

那交错的边界还未走远，
已有翻滚的滔滔江水现于眼前，
它巨浪阴阴，低低轰鸣，广阔无垠，
一如远古谣曲中记述的情景。

长江与黄河这两条大河，是中国运河水资源的主要提供者，它们也是这个古老帝国富饶生产力的主要来源。

　　黄河发源于青藏高原，起初以极凶猛的流速穿过一段约250英里的距离，然后从东向转为西北向，这段河流的流速比之前的平缓一些。这之后，便进入了陕西省境内，与长城平行向前达数百英里，最后在北纬29度的地方与著名的大运河交汇。此后，再向北奔流400多英里。

　　黄河与大运河的交汇处被认为是黄河河口，也正是在这里，繁荣的商业形成了一个航运的集散地。黄河之水飞流直下，穿过一段长达2500英里、持续不断的斜面，获得了巨大的冲击力，这使得横渡黄河始终是一项十分危险的任务。

　　在洪泽湖的出口，以及在大运河汇入黄河的地方，水流的速度很少低于每小时4英里，尽管那个地方距离大海不超过20英里。有人根据显而易见的数据——宽度、平均深度和流速——计算，这条著名的大河每小时要把25.63亿加仑①的水倾注到黄海中，是恒河水量的1000多倍。

　　巨大的水流量并不是它唯一的显著特征，它的第二个特征更加不同寻常，这就是它所携带的大量泥沙，河水中泥沙所占的比重如此之大，彻底破坏了河水的清澈，使得它拥有了"黄河"这个名字。

　　这幅插图表现的就是大运河与黄河的交汇处。

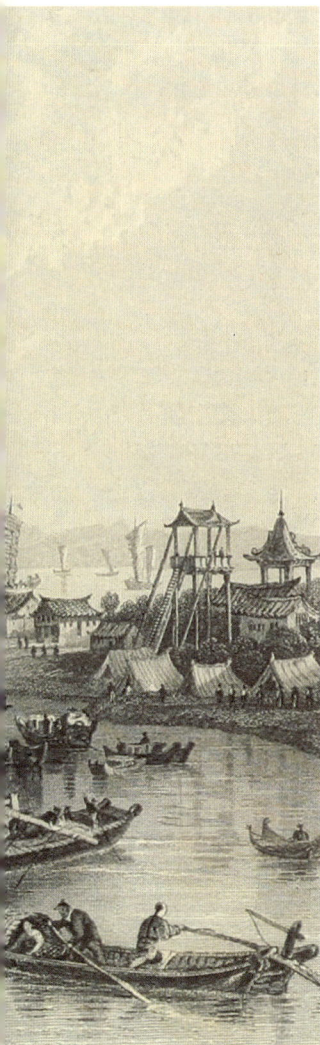

---

① 加仑，一种容（体）积单位，英文全称gallon，简写gal，分英制加仑、美制加仑。——编者注

第四十一章
中秋节

来吧，
"收割"完珍宝，
让我们越过那些崇山峻岭，
重新回到我们的家园。

在中国，献祭和供奉从古至今一直在持续不断地举行。仿佛人与神之间的和解从未发生过，也从来不曾公开宣布过。早在两千年前，人们就不折不扣地遵循这一习惯。这样的献祭被分为三个等级——大祭、中祭和小祭。收获季节举行的献祭属于第二类，带有感恩的意思——感谢上天庇佑自己有个好收成。

当收获之月的月圆之日来临，中国人无论身在何处，也不管从事何种营生，都会向谷神和地神供奉献祭。这些人通常会竖起一块比较粗糙的石头，以代表收获之神，然后在它的面前焚香磕头。还有一些用木头雕刻成的粗糙"人形神"，放置在石头周围，代表乡村神、本地守护神以及农业、园艺及其他农业行当的守护神。

这些粗糙的雕像有时也代表了日月风云、雨雪雷霆。

就连那些碰巧出海或者在大江大河上航行的人，每当中秋来临，也要祭拜他们特别崇敬的丰裕之神。为此，他们把自己最喜爱的神像带到船上，摆上三杯茶，点上两炷香，船长率领船员跪倒在神像面前，磕头如仪。仪式进行到此，船长起身，举起一个点燃的火把，绕船艏走上三圈，以守护神的名义驱除恶鬼。随后，倾洒杯中之酒，祭奠海神，木雕的神像被放置在一个纸扎的葬台上，在冲天的火光和激昂的铜锣声中，被彻底烧毁。

插图中所描绘的，是距离扬州城几英里远的一个水稻农庄，典型、详尽而忠实地描绘了当地的习惯和风景。这是一个比较小的村镇，远远地可以看见它高高的宝塔；准备栽种第二茬水稻的稻田占据着画面的中央，而中秋祭拜的场面占据着整个前景。

第四十二章
北京西直门

他们从不同地方而来，
带着金子、乳香和没药，
爬过高山，休整在路旁，
不久还要继续前行。

中华帝国的首都——北京，坐落于一片丰饶肥沃的平原上，距长城约 50 英里。城市的形状大概是长方形，占地约 14 平方英里（不包括广大郊区），而且被分成两个截然不同、彼此分开的区域。其中北边的部分（内城）是一个完美的正方形，居民是满族人，皇宫也在其内。南边的外城是一个平行四边形，汉人居住。

这两座城都被各自的城墙围了起来，外城占地 9 平方英里，内城 5 平方英里。防御墙就像其他一流城市的围墙一样，由高约 30 英尺、厚 20 英尺的城墙组成，有两道挡土墙，石头底座，上面的部分用砖砌成，外墙倾斜，内墙垂直，中间填土。护墙之间的顶部被夯平，墙内围起来的倾斜平面提供了通向墙顶的通道。南城墙有三扇大门穿过，其余几面各有两座城门。"九门城"的名号就来源于此；南面正中间的大门通向皇城或满族人之城。

清朝的西直门为了追求更加完备的安全和防御，建造了双重城墙，用作"兵力集结区"。通向这块区域的入口，并不在内门的正前方，而是在侧方，欧洲的要塞所采用的也是这种设计；上面的城垛没有任何武器装备提供保护。

第四十三章
澳门的贾梅士洞

他在慰藉一位真正的诗人，
已经失去心中火焰的诗人，
喜欢他、爱他，是对他的奖励，
但他们最终的命运仍旧殊途。

在澳门的许多引人入胜的纪念性遗址当中，有一处叫贾梅士洞。贾梅士是葡萄牙的著名诗人，该洞是一处建筑粗糙的寺庙，耸立在一道悬崖的边沿，站在洞边能俯瞰澳门半岛的壮丽风景，同时能远眺拥抱着这片风景的浩瀚大海，和对岸拔地而起的群山。

游客拾级而上，进入一处私人场所，没有丝毫浮华，由此来到岩石上的一个小亭子，那里保存着诗人的一尊雕像。假如游客由于教育或记忆的偶然缺失，而不熟悉这位诗人的主要成就，那么，他们也会很高兴地得知：贾梅士的名作《葡国魂》，大部分在这里完成。

有一些伟大的人物，他们的功绩直到死后才被人们欣赏，而他们自己所处的那个时代却把他们遗忘。他们的坟墓被戴上荣耀的桂冠，而这顶桂冠原本应该装饰他们的神殿，贾梅士便是这样一个实例。

贾梅士大约 1524 年出生于葡萄牙里斯本。在那里，他疯狂地爱上了宫里的一位贵夫人凯瑟琳·德·阿

泰德，并且由于这场恋情而不幸卷入了一场争端，结果被流放到圣塔伦。正是在圣塔伦，贾梅士的诗歌灵感不断从他的脑海中涌出。他悲叹破碎的希望所带来的剧痛。贾梅士在作品数量上与但丁、彼特拉克、阿里奥斯托和塔索不相上下，并且充满了高贵的爱国主义情感。特别是他的不朽诗篇《葡国魂》，更是受人瞩目。他于 62 岁时去世，15年后，人们为纪念他而建起了一座宏伟的纪念碑，他的作品也被翻译成欧洲各国语言。

　　江南诸省与湖南、湖北两省接壤。接壤地区尽管多山、可耕地少且贫瘠，但江河中却物产丰富。可惜这样的水域很难接近，不仅因为岩石河床的崎岖不平，还因为奔流不息的瀑布经年的冲刷使得河流深不见底。

　　最高处，花岗岩是最主要的岩石，但有一种坚硬的板岩，断面很不规则，构成了山间湍流的河床。在一个海拔约1500英里的高地上，一条大河承接了数百平方英里的供水，它的整个积水越过石潭的峭壁，落入一个开阔的板岩盆地，呈现出了漂亮、壮观、趣味盎然的景观。

他独自一人,
为生活每日匆匆,
在力量与速度的喜悦中,
于太阳下苦砺,
获得欢心、获得荣誉。

　　山口的脚下（往返于两个相邻省份之间的人经常从这里经过），设有一个收费关卡,在这里,每个边境居民都要向山神与河神进贡。据信,贡金主要被长住这里的僧人用来举行安抚神明的仪式,保佑他们平安通过山口,尤其是七叠瀑。

　　图上显示的是,在这个风景如画的地方,高悬于七叠瀑之上的悬崖峭壁之间,生长着桐树。另外,这里还生长着茶树和松树,有高有矮,装饰着悬崖的两侧。

第四十五章
北京北海

因压迫而疲惫，
在伟大的道光时代，
掌声在人们暖饱后响起，
所有人都感到他的英明。

北京有两座截然不同的城，一座由汉人占据，另一座则由满族人独享。满族人的城里有最重要的政府部门、宗教机构、大学、厅堂。在这个迷宫似的城中心，是皇帝的宫殿和花园。

三组宽敞的大门穿过皇城的城墙，与外城（或称"汉人城"）相通。外城也被城墙围了起来，并修筑了防御工事。内城被称作"紫禁城"，围起了一个大约两平方英里的区域，完全供皇家使用，只有陛下的随员或来访者才能进入。宫殿的围墙由鲜亮的红砖修筑而成，覆盖着明黄色的琉璃瓦，因此也被称作"黄墙"，有20英尺高。

围墙的里面，假山和人工湖参差错落，一些小岛安静地"漂浮"在湖面上，蜿蜒流淌的小溪偶尔被风景如画的瀑布所打断。凉亭和楼阁在水边星罗棋布，让数不清的小岛趣味盎然。设计奇特的建筑三五成群，花团锦簇，树木葱茏，假山怪石，点缀其间，让人对距离和尺寸产生最为赏心悦目的错觉。一个大水库（或称湖）给花园内的小水潭供水，湖面经常因宫廷随从的游船和驳船的往来穿梭而变得生机盎然。

本章的插图大概由三张其他人的画作组合而成。其中，近景部分来自马戛尔尼的画师亚历山大的画作，比较如实地绘出了白塔及其周边景色。远处的景色更多的属于臆想。湖上的船是北方的船与南方画舫的结合。

你拿的这个是最好的，
它正适合你的脑袋。

帽子铺往往是闲聊的场所——如一间时尚客厅，是那些闲散之人的聚会地。一般来说，帽子铺都是店门洞开，灯笼高挂，招牌上写着店铺的名号，窗边的牌匾上还写着"货真价实"、"童叟无欺"之类的广告词，全都是金字。

柜台的外沿围着一道小小的栅栏，部分是为了保护之用，但主要是为了装饰，柜台内的货柜上陈列着样品，就如伦敦和巴黎的帽商一般做派。

店铺的入口常常被乞讨的和尚挡住，他们姿态谦卑，口中念念有词，敲着更加烦人的木鱼，乞求人们的施舍。

无论是古希腊人，还是古罗马人，其历史上的英雄时代都不曾在脑袋上戴点什么遮盖之物，因此，所有古代雕像要么是光头，要么偶尔戴着胜利的花环。后来，才引入了各种各样的帽子和军用头盔。看来大致可以肯定，几百年前，中国人也是光着脑袋不戴任何饰物面对日晒雨淋，偶尔用长袍的边缘作为帽子的替代。实际上，他们的老式长发提供了足够的保护，让他们免遭风吹日晒。大自然的这一恩赐成了一场血腥内战的目标，满族人在这场战争中胜利了，暴君可耻地利用了自己的胜利，以致被征服者不得不剃光他们的脑袋，只留下后脑勺上长长的一撮，从头顶垂下来——这是他们臣服的象征。

插图中所绘的是广州的一家著名帽子铺，其装饰风格、在场人员和家具陈设可以看作同类店铺的范本。这里制造和销售的商品都是为富裕阶层准备的，戴帽子似乎是他们的一种特权。

第四十七章

乍浦之战

听，那并不是风声，

而是激烈的鼓声和锣声，

可怕的复仇者即将到来，

他们从不停止向前。

　　乍浦位于浙江省的杭州湾，其商业上的重要性完全归功于 6 艘商船所垄断的对日贸易。这个港口位于浙江北部边境，当海水沿着海岸迅速退去的时候，接近这里可能会威胁到水手的生命，贸易的货物很快会被转移到上海。除了俯瞰乍浦及其周边那些风景如画的小山外，这里的地面又低又平。地上被一些河道所分割，其中有几条河一直延伸到大城市杭州。在距乍浦只有 3 天航程的上海，其海潮上升不超过 8 英尺，但在乍浦却超过了 24 英尺。这样一来，在高水位的时候，重载商船可以驶入港口。

　　这座城市很宽阔，建有围墙，其郊区面积与城市相当。邻近地区文化发达，人口稠密，点缀着官员的园林楼阁、寺庙、宝塔、牌楼和祖祠。附近山里的风景长期以来受到旅行者的高度赞扬。然而，这里的住宅既不安全，也不舒适，每当干燥而闷热的气候持续下去，眼病便会大范围暴发。

　　1842 年 5 月 17 日，一支英国舰队在巴加将军的率领下抵达乍浦镇。次日清晨，郭富爵士率领 1300 人在城东 2 英里处的海滩上登陆，没有遭到中国人的任何抵抗。中国人把他们的全部兵力 8000 人都集中在城内，主要依靠坚固的防御工事进行防守，这里只留下了一连串高地、一个天然炮台以及一个俯瞰着城市街道和海湾的炮台。

　　当英国军队登上海岸，在小山上编队列阵的时候，英国军舰同时朝岸上的防御工事开火，那里的枪炮立即哑火了，一个由 700 名水兵组成的旅在强大火炮的掩护下成功登陆，把中国人赶出了炮位。郭富爵士占领了高地，从那里可以看到整个中国军队，整齐地列队穿过街道，全面撤退。他们的行动

似乎由于落在身边的炮弹而得以加速，榴弹炮和野战炮越来越近。叔得上校的攀登部队登上了城墙，一时间步枪齐射，中国军队陷入了彻底的混乱和溃退。

300名八旗兵占领了城市中部一幢坚固的建筑，决心抵挡每一次进攻，坚守到底。这支小股部队完全避开了追赶大军的注意，他们坚决果敢的行为，直至他们有条不紊地对爱尔兰旅的后卫部队开火之后，才被英国军队注意。这支后卫部队中大约有20人转身想要还击，但他们很快被迫撤退，其中有几人当即中弹倒地。然而，第二伙人很快跟上，大胆地向大门口推进，却遭到满族旗兵的猛烈射击，汤林森上校和他手下的几人都受了致命伤。英国士兵的勇气似乎随着危险的增加而倍增，他们拿出了全部的勇气来攻打这座誓死抵抗的堡垒。但他们的运气似乎并不好，在上校和两个中尉身负重伤之后，阵地再次被放弃了。这些勇敢的满族士兵与他们勇敢的敌人表现出了同样的英勇气概，但是，军事技能、武器装备和更高级的训练最终发挥了作用，他们的命运在劫难逃。此时，诺斯上校带着火炮冲上去了，短短几分钟，这座小小的要塞便火光冲天，守军几乎全军覆没，大约只有20人幸存下来。

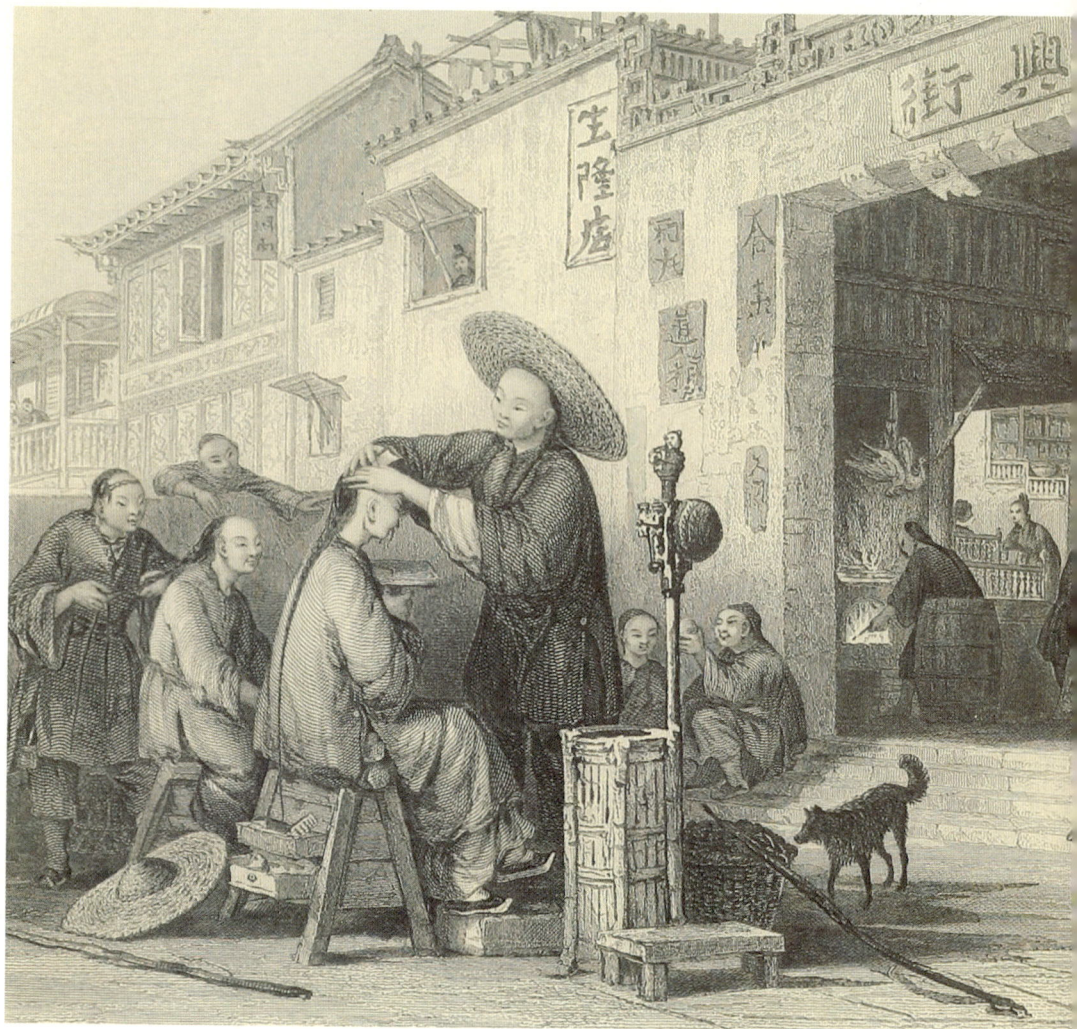

第四十八章
剃头师傅

不要找麻烦，

把你的脖子伸出来，

满族人就是这样说的。

古代中国的男人一般都是蓄长发的，只是在清政府强迫之下才中断了这一习俗。尽管满族征服者允许他们保留自己的宗教和法律，但他们必须剃光脑袋，只留下头顶的一束，看上去像光头一样。

时间总能抹掉一切。慢慢地大家还是忘记了这一羞辱性的命令所带来的悲痛情绪，整个帝国所有阶层都采纳了这一习俗，最终抹去了对其根源的痛苦记忆。这一习惯创造出了对庞大剃头匠军团的需要，他们全都是流动的，被置于严格的监管之下，未经官府许可便从事这门手艺将受到严厉的惩罚。

剃刀经过的不仅有脑袋，而且包括脸部，这使得任何中国人都不可能自己动手来执行这一必不可少的仪式，因此需要大量的专业剃头匠。

仅广州一地，就有超过7000名剃头匠穿梭于大街小巷，拨动一个长长的铁镊子，发出嘣嘣的声音，标志着他们的到来，以及他们此刻有空。剃头匠的肩膀上挑着一根长长的竹扁担，一头挑着一个带抽屉的小箱子，里面放着剃刀、刷子以及白铜做成的洗头器具，这个小箱子还充当了顾客的座椅。扁担的另一头挑着水桶、脸盆和炭炉，装在一个箱子里。40岁之前不允许留胡须，脸上的任何部位都不能有一根毛发。剃头匠的存在时刻不能少，相当程度的熟练也是必不可少的。中国人的剃头刀外表看上去很笨拙，但用起来很方便，任何时候，只要刀刃钝了，便在一块铁板上磨两下。

当时，对于剃头匠这个行当来说，更专业的部分不是剃头，而是按摩；这种非同寻常的加速血液循环的方法所用的器具，不仅为数众多，而且制作精巧。

顾客端坐在一把大椅子上，剃头匠用双手快速击打其身体的各个部位。接下来便是拉伸双臂和双腿，突如其来的猛拉让人担心造成脱臼。有时候，拉住顾客的一只手臂，同时把他的头朝相反的方向推，指关节发出噼啪声，快速的击打不断重复。

接下来便开始动用工具了，先是一把刷子，类似于球形的金合欢花，接着是掏耳勺，最后是镊子和注射器。眼睛虽极度娇弱也没能让它逃过这些剃头匠之手。几件很小的工具被用来对付这一娇弱的器官，让它免受伤害，大概也很有效。按摩通常持续半小时，最后以修剪手脚指甲而告终。

这里看到的，

只有无数鲜血横流，

凯旋者并不是为了虔诚的大爱，

森林正在诉说着自己的恐惧。

中国的统治者似乎忘记了规定正规的休息日和感恩节，结果令老百姓更容易超越礼仪规范的限制，抓住机会寻欢作乐。正是由于这个原因，他们很喜欢把生活中很多平常的事件转变成欢乐聚会的借口；不过，任何一次欢庆活动都伴随着一次有条不紊的游行，队列中的每个人都扮演了一个积极的角色。

在中国，开玩笑是无伤大雅的，除非那些玩笑话是实际存在的。定海是一座人口稠密、历史悠久的商业城市，这里的居民喜欢参与欢庆活动、公开表演或假借宗教之名举办活动。这里到处是小山和溪流、树木和沼泽、荒地和耕地、早期居住的痕迹、名人的纪念碑，以及供奉土地神的庙宇，这些景色赋予每次欢庆活动以别样的风格。

定海郊区，有一座平桥跨过一条岸边长满莎草和灯芯草的小溪，旁边还有一个大牌坊，景色令人愉快，从城里赶来参加欢乐集会的人把这里选作场地。像古代雅典、罗马和埃及的平民百姓一样，他们把最重要的游行活动的借口与宗教或哲学的概念联系起来；当这些借口穷尽的时候，还有数不清的其他借口可以利用，毫无疑问都是渎神的。

欢庆活动的表演者通常聚集在一个摊棚或临时建筑中，那里摆放着各种食物、水果、糕点及其他美味佳肴，同时念诵经文、敲钟鸣笛。神祇经常对眼前的饕餮盛宴表现得毫不在乎，信徒们接下来便开始分配食物，有些人吃光了自己的份额，而另一些人把自己分得的食物抛向喧闹欢乐的人群。在这样的仪式中似乎没有神圣可言：欢闹、打趣、逗乐是每个人竭力实现的目标。

本图显示的是定海郊外的牌楼，以及那些正在充分享乐的人。

第五十章
从港口外远眺厦门

它从海中再次升起，

没有任何力量能阻挡它的步伐，

这就是它，

带给我们希望，

并守护着我们的家园。

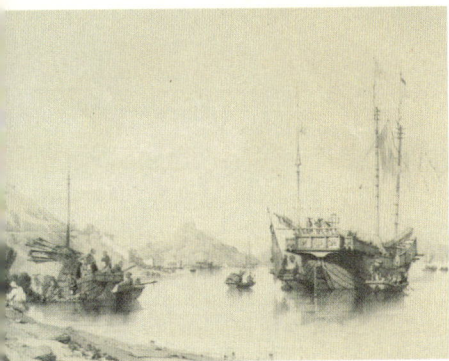

当杜赫德神父在中国居住的时候，厦门就作为一个商业城市而受到人们的高度重视。假如帝国存在自由制度的话，中国东部的贸易无疑会以这个风景如画的地方为中心向四周展开。

"厦门是一个著名港口，一侧被岛屿包围，岛上的高山庇护它免遭海风的侵袭；它还十分宽敞，能容纳数以千计的船只。这里的海水很深，以至于最大的商船也能在此靠岸，在这里安全停泊。任何时候你都能在这里看到大量的中国平底船，大约20年前，你还可以看到欧洲人的船；如今它们很少来这里，所有的贸易都迁到广州去了。皇帝在这里安排了六七千人的驻军，由一位汉人将领指挥。在厦门港与台湾岛之间，澎湖列岛形成了一个小小的群岛，由一支中国守军驻守，居住在这里的官员始终紧盯着往来贸易的商船。"

道光时期，德国传教士郭士立曾探访过这个"著名港口"。他在《中国沿海三次航行记》中记载，这里的自然风貌丝毫未变，人民的偏见（或者毋宁说是官府的偏见）同样毫无改变。然而，城市的发展已经超过了杜赫德神父的精确描述，它方圆16英里，人口超过20万。数不清的寺庙在住房中间拔地而起，高高的宝塔俯瞰着狭窄的道路。这里的财富集中在少数人的手里，贫穷依然是多数人的命运，这个通商港口的开放，必定会向城市和郊区的居民敞开新的通向繁荣兴旺的大道。而且，这里已经有一支200艘平底船组成的船队在积极地从事对外贸易活动，福建省的主要财政收入也来自厦门港的税收。

第五十一章
迎亲的队伍

阳光温柔地照耀着美丽的新娘，
由爱的美德所牵引，
在新房中，司仪正在主持婚礼，
所有宾朋都露出欢乐的容颜。

    男女之大防在大多数东方国家都很常见，在中国，这种大防从古至今一直严格。当已经订婚的男女分别达到 17 岁和 14 岁的时候，男方的父亲就开始张罗婚姻大事，提亲的依据通常跟金钱有关。

    这一不幸的习俗源于一个更加狭隘的行为：禁止情侣婚前接触。如果严格遵守这一习俗，那可以说它是一种残忍的、奴性的习俗；如果睁一只眼闭一只眼，那它无异于在最纯洁的仪式中混合了谎言和欺骗。在上层阶级（富裕阶层）中，欺骗、花招和纵容是被允许的，媒婆对于每一桩婚事来说都是必不可少的。从前，痴心的求婚者去庙里找"月老"求签问卦，打探姻缘。像所有中国人一样迷信宿命，他得到的结论是：他的姻缘应当去问星宿，这事要用到"媒婆"。人们虔诚地遵守这一仪式，媒婆就是专门从事这项工作的。在年轻人之间传递爱慕而私密的通信便属于她们的职责，她们的专门职责还包括卜凶问吉、测算生辰八字。如果吉星高照、八字相配，占卜者会得到酬赏，媒婆的报酬当然也不会被忽视。如果媒婆来到女方家中宣布这个好消息并要求女方父母写下一纸婚书的话，那酬赏更不会少了。

签署婚书之后，男方会送上聘礼，金银绸缎，酒肉鲜果，不一而足，厚薄则依据男方家的财力而定。从这一刻起，这对年轻男女算是喜结连理了。迎娶之日，新郎身穿大红袍（喜庆的象征），父亲正式给他戴上新郎的帽子，先是布帽，然后是皮帽，最后是官帽。新娘也穿上婚礼的装束，像已婚妇人那样把头发盘起来，插上新郎送的簪子，然后同伴给她开脸，并完成其他的礼仪，陪着她一起落泪，直到她告别娘家。

算命先生选择好吉日良辰，迎亲的队伍来到新娘的家里，吹吹打打，好不热闹。迎亲的人抬着各式各样的家具、坐垫、衣服、灯笼及其他贵重物品。这些东西原本是新郎送给新娘的彩礼，但如今不过是一种习惯性的展示，全都是从专门为这种场合提供道具的生意人那里租来的。有人举着高高的架子，上面挂满了华丽的女衣，跟在后面的是装衣服的雕花木箱，然后是桌子、装饰架、果脯糕点、美酒佳肴、鸡鸭鱼肉。因为雁总是成群结队，长期以来在中国被认为是忠贞和恩爱的象征。这些畜禽通常是用木头或锡做成的，成为迎亲队伍最主要的象征。

热闹对所有喜庆娱乐活动来说都是必需的，喧哗吵闹不仅被容忍，而且受到鼓励；彩旗招展，鼓乐喧天。新娘坐的轿子总是做工精良，漆红描金，为的是给旁观者留下深刻的印象。在中国，人们的确很看重女性的美貌和美德。花轿后面，身着大红衣袍的仆役们一路跟随，紧接着有很多轿子，里面坐着上了年纪的妇女，她们都是新娘家的亲戚。

队伍在新郎家的门前停下，门口摆放着一盆旺火，从娘家陪伴来的妇人搀扶着新娘跨过火盆。这个仪式完成后，新娘被领入"洞房"，在那里与丈夫一起用餐，这是他们平生第一次。接下来便是拜天地、喝交杯酒。婚礼次日，新郎新娘祭祀祖先，拜访亲友；第三日，招待朋友和从前的伙伴；第四日，新娘回娘家，大宴宾客。

第五十二章
庚岭之隘口

那些浪花儿，

随着时光一起滚动，

它们盯着正在行路的人们，

忘却了自己的本来去向。

在整个赣江蜿蜒曲折的水道上，一路上很少有哪个地方比大庾岭大桥周边的景观更加美丽动人。这里，花岗岩山脊从它们伟岸的高度向下延伸，直至人迹可及的地方，沿着河边的悬崖，到处留下岩石嶙峋的暗礁，居民的住宅就建在那些地方，有足够的泥土养活植物。

一侧的岸边，建有一处收税的关卡，门前飘扬着帝国的龙旗。税官端坐门前，仆役打着一把直径可观的竹伞，给他遮挡灼热的阳光，与此同时，周边的人忙着检查每一批货物，发现违反税收的人。船工忙着修补平底木船。茶叶、丝绸、棉花用平底货船从梅岭以北的富庶地区运到这里。

中国人对这里的九孔桥有一种近乎迷信的敬畏，当他们进入这座古桥的视野之内，就要换掉他们的舢板船，否则的话，好运就会变成噩运。

大庾岭河道上的这座桥尽管很有名，但桥的宽度不过只有几步；建筑师只打算让那些懂得骑

快马走过只有4英寸宽的桥的人使用它。工程师压根就没有想到末端压力或侧向压力之类的名堂，他们在计算时所考虑的只是材料的强度、桥墩的垂直度、水泥的黏合质量，以及皇帝臣民的绝对服从，他们不敢赶一群牛羊从桥上走过。

　　大庾岭，古名塞上、台岭，又名东峤、梅岭，为五岭之一，位于江西、广东两省的交界。相传汉元鼎五年，将军庾胜筑城守此，因而得名。唐代张九龄在此开凿通往中原的通道时，在道旁种植了大量的梅树，故又称梅岭。大庾岭一直都是广东与江西的交通咽喉，其关口称梅关，古称秦关，又称横浦关。

第五十三章
丝绸庄园主的宅邸

她，正在梳理自己的长发，
如同梳理她的账目一样，
她眼见着那些丝绸，
被卖向遥远的地方。

历史学家认为，湖州始建于春秋时期，当时被命名为"菰城"，三国时期属吴兴郡。无论如何，这座繁华小城的悠久历史是无可争辩的，正如其稠密的人口、较高的文明程度以及富裕的居民所充分证明的那样。

有一条小河流入大运河，在横跨小河的桥头，坐落着卢氏家族的著名庄园。这个家族世代居住在此地，其过去许多年的事迹为深受欢迎的戏剧和小说提供了素材。整个建筑不仅奢华，而且舒适，为家族的长辈及儿孙提供了惬意的住处。在某些情况下（不幸的是这样的情形很少），被父母钟爱的女儿也被允许带着自己的丈夫回到娘家居住，这在传统上改变了过去的婚姻习俗。成卷的生丝从蚕棚拿到紧挨着住宅的储藏室里，等积累到一定的数量，便装载到竹棚平底船上，运送到运河的交易点。一旦上了那条货船，这些生丝的命运在一方面是固定不变的，但在另一方面却是不确定的，因为可能被某位商人买去，作为简单的投机，也可能被运到一个家庭作坊，或运到杭州、舟山等的市场上。

卢氏家族丝毫不关心人们是为了什么而购买生丝，也不在乎它被带往哪个地方；他毕生致力于财富的获取，而目的只有一个：用所能买到的所有奢侈品来装饰他的乡村庄园。皇帝家族的衣袍正是从这一地区获得丝绸的，富裕的官员常常从这个地方预订一季的产品。一些外国商人也自吹，他们能够把湖州府的丝绸与中国其他地方产的丝绸区分开来。

图中所描绘的是一位富有的丝绸庄园主的宅邸，坐落于大运河的一条支流河畔，紧邻湖州府。这座惬意的小城是富庶的浙江的一个行政区的首府。由于它土地丰饶肥沃，气候温和宜人，灌溉天然充沛，长期以来属于浙江最受欢迎的地方之一。太湖岸边非凡的美景把很多富有的居民吸引到了这里。

第五十四章
一个中式墓地

阳光反射到了墙壁，

照亮用黄铜制成的坟墓，

就像柏树的长长影子一般，

埋没荒草。

古埃及人习惯将祖先埋葬在庞大的坟墓之中。然后在坟墓旁，放上大量的物品，以追思过世的亲人。其实，在古代，所有的国家都有这样近似的风俗。中国亦是如此。

在中国，墓地一般建在远离城市的青山绿水之间。这是因为国家规定，死人不能与活人共同存于一个区域，所以只能将去世的亲人葬在远处加以追思。同时，每年的一些特定日子，人们会带着香烛、祭品前往墓地，追思那些故去的亲人。

在英国和法国，人们一般会使用教会的墓地。大家在神父的引领下，与家人做最后的告别，然后将他们埋在统一的地方。每到一个宗教忌日，人们就会到教堂或者在家里念经祷告，希望家人早日升入天堂。

图中的墓地是阿罗姆根据其他材料绘制而成的。

第五十五章

中国人的算命

命运交给你的，

是你必须接受的，

它会带你走遍风和雨。

与古希腊人、古罗马人一样，中国人也喜欢接受神谕。他们认为这是神的训诫，在引导着他们的命运走向。

在中国，人们需要上天的启示，有的人甚至只凭几张纸、一根签，就能左右自己的一生。这让我们非常不解。但中国人更多地好像是想修正自己的命运。

我的朋友给我讲了一个故事。有个求签者，去庙里求签。他事先付了钱，然后拿着签筒晃来晃去，最后掉出了一支签。解签人收到签，马上提笔在他的本子上写了几个字，预言了这名求签者最近的生活轨迹。然后，朋友问这名求签者，是否相信自己未来的命运。那位求签者说，自己不相信，所以才会求签——求过签以后按照纸上的预言，自己去改变命运。

图中所绘的是一座道观，正有一名道士为大家解签。他手持经书，求签的人拿着签筒，等着竹签从筒里掉出来。然后，道士用这支掉出的签，为求签者解释未来的命运。欧洲人对这种做法甚为不解，认为这种做法完全就是迷信。

第五十六章
海幢寺大庙

在大理石铺设的房屋前，

玫瑰已经盛开，

我们不用去做冒险的事情，

在此坐卧，

就能享受世间一切。

这是中国南方最著名的寺庙,插图虽然有些夸张,但其权威性并没有多少人怀疑。在一个巨大的木质结构内,装饰着数不清的人像,象征着人们心中某种善恶;墙上挂着画,画面很悲惨,不过完全可以理解,因为它们描绘的是罪人在冥府受审、定罪和接受惩罚的场景,没人想到表现天堂的快乐。三尊巨大的佛像安放在宝座上,木柱所支撑的柱廊下摆放着一个祭台,过去佛、现在佛和未来佛便安放在柱廊内,金光闪闪,高达10英尺。现在佛占据着中间的位置,过去佛在右,未来佛在左。它们组成了三世佛,或称三宝佛,在中国人当中是一个古老的崇拜对象。每尊佛像的前面立着一个摆放供品的祭坛,上面有杯子、花瓶、香炉、香和花。锡箔被大量使用,熏剂不断散发着香味。长明灯的火焰象征着佛对人类的指引永存不熄。宝座的上方挂着一块牌匾,上书四个大字:大雄宝殿。

　　关于海幢寺,以及所供奉的教义,其显著特征我们在前面已经描述过了,这里只需补充一句:那些特征都是以格外明显的方式呈现出来的。欧洲早期的基督教堂和中国佛教的寺庙在仪式上的相似之处是如此引人注目,以至于任何人都很难否认。这种从基督教戒律和佛教戒律之间开始的相似性给传教士们的事业提供了激励。

第五十七章
道光皇帝大阅

尖锐的长矛，金色的盾牌，
在日光下熠熠生辉，
武士们正在等待下一步的指令，
汗水，从他们脸上滴滴落下。

　　紫色的绸袍，镀金的纽扣，把身体裹得严严实实，还有
黑缎子做成的靴子。他们刀剑的手柄、弓的弯角，以及火绳
枪的枪托，全都镶嵌着闪亮的宝石。普通士兵的衣服则不那
么华美，但同样花里胡哨；他们的袍子带有模仿虎皮的斑纹，
帽子或头盔高高耸起，形状也像虎头。而且，他们的圆形盾
牌上有浮雕图案，要么是龙的形状，要么是虎头。然而，除
了小心伺候他们威严的主子外，似乎没别的职责加在禁卫
军的身上；皇帝允许他们在业余时间从事商业活动，在宫里
当差可以彼此替班；但他们始终居住在满族人城内，与北京
的汉人城截然不同，而且被高高的城墙隔开。皇宫里的阅兵
仪式想必气派非凡，装束华美而高贵，即便不适合欧洲人的
胃口；旗幡招展，色彩俗艳，旗手们抬着轿子，打着灯笼，
举着飞龙及其他装置，赋予整个场面以奢华的特征。中国人
错误地认为，这就是所谓的高贵派头。只有皇家乐队被允许
到场演奏，鼙鼓铜鼗，笛箫齐鸣。
　　从图上看，道光皇帝此次大阅应在紫禁城的午门。清廷
以马上得天下而闻名，皇帝检阅八旗将士（所谓"大阅"），

鼓舞士气，自然是例行公事，算是宫廷大戏节目单上的保留曲目。据《清史稿》卷九十载："天聪七年，太宗率贝勒等督厉众军，练习行阵，是为大阅之始。顺治十三年，定三岁一举，著为令。"又载："康熙十二年，阅兵南苑。……厥后行阅，或卢沟桥，或玉泉山，或多伦诺尔，地无一定，时亦不以三年限也。"关于阅兵礼上的奏乐，《清史稿》中也有一段生动的记载："乾隆二年，大阅，幸南苑，御帐殿。……大阅日，行宫外陈卤簿，驾出，作《铙歌大乐》，奏《壮军容章》。及还，作《清乐》，奏《邕皇威章》。"

第五十八章

直隶省的官员宅院

现在让他们的美德成为奖赏吧，
分享他们准备好的祝福。

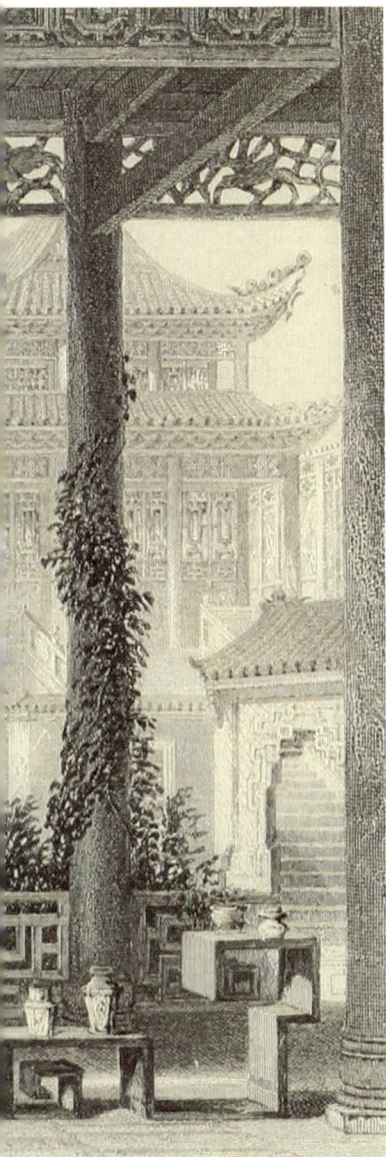

　　这幢民用建筑是优雅别致的典范，最初是宗室伊里布的宅邸。它是中国艺术家全部想象力的集中体现。画的前景描绘了一处宽敞的阳台，放眼望去，远山近水，尽收眼底。周围是平坦的空地，被木柱支撑的建筑所环绕，建筑上镶有花格细木工构件。右边是招待宾客的楼阁，双层屋顶把它装饰得格外活泼；中间有一座漂亮、宽敞、结构精美的拱桥，在它的上方可以看到一座高高的宝塔。那种新奇别致的屋顶，在中国被广泛采用，其形状是从倒扣的莲花钟借用过来的，门窗也都是仿照大自然提供的模式。由于莲花是佛教崇拜的对象，因此一点也不奇怪，中国人在那些跟人的幸福快乐密切相关的建筑中引入了大量莲花的形象。有史以来，桑叶给这个民族带来了种种好处，因此人们有足够的理由在建筑装饰中引入它的形状，甚至出现在富贵之家的门廊和窗扉上。然而很多装饰，诸如巨大的瓷瓶、华丽的灯笼，以及镀金的神像，都是从佛教寺庙的装饰和家具上复制过来的。伊里布宅邸的一些花架和阳台，正是通过匠心独运地弯曲这种深受欢迎的装饰展现的，还有一些部分是模仿缠绕的树枝。

　　从右边招待宾客的楼阁拾级而下，便是一条构造奇特的门道，通向家庭的私人住房，但女性（亲戚除外）很少跨过这道界线。卧室以及官员宅邸所有其他必需的附属建筑，都坐落于阳台的左边，一个叶子形的门道通向那里，比你在平民百姓家里遇到的那种门道更加奇特，更加不同寻常。房子的正面要么完全敞开，要么被一道花格屏风遮掩，窗户和门要么是正方形，要么是圆形。

第五十九章
南 京 城

她站在那里，无声无息、无冠无冕，

她的清音无人听到，

她干枯的手中捧着空瓮，

早已散去一切，只剩尘土。

江南省的首府南京位于北纬32°、东经118°，距长江不到3英里，距北京和广州约600英里，曾做过其他王朝的首都，也是世界上最漂亮的城市之一。中国人宣称："如果两个骑手早晨从同一个城门出发，沿不同的方向绕城疾驰，他们在天黑之前不会碰面。"当南京城还是皇帝驻地的时候，其人口估计有300万之众。几条河道构成了与长江之间的便利交通；一些大型平底船在河道上航行。

　　城墙之内宽阔的区域呈现出不规则的轮廓，既有平地，也有高山。整个区域至少有三分之一的地方如今却一片荒凉；宫殿、寺庙、观星台及皇帝的陵墓全都被满洲旗兵推倒或拆毁了。当这座城市还是皇帝驻地的时候，这里就像北京城一样有六部衙门，故称"南京"，后来，清朝皇帝把它命名为"江宁"。然而，骄傲、偏见和固有的习惯成功地抵制了皇帝的异想天开，中国人不屈地保留了南京这个名字。作为一座一流的城市，南京是两江总督的驻地。

　　有很多优美雅致的东西，甚至还有一些必需品，北京都要依靠这座被废弃的城市提供。每年的4月和5月，当北方的鱼类产品不那么丰富的时候，长江便提供了充足的供应。这些水中的财宝被大量搜集起来，用冰块保存好，装在平底船里运往千里之外的北京。

　　清朝时期，南京长期都是中国的学术中心，这里输送到北京的名医、高官和著名学者比其他任何城市都要多。公共藏书数不胜数，书商这个行当特别受人尊敬，对印刷术的理解比其他地方都要好，南京的纸几乎是中国制造品中的一个奇迹。

第六十章
富春山

军旅生涯带来的美丽啊，
你永远是那么色彩斑斓，
你是山顶上，
永远不会凋谢的花。

大约在公元25年，东汉光武帝刘秀很敬重一位名叫严子陵的隐士。应刘秀之邀，严子陵离开了他的老家会稽，陪伴这位令人敬畏的朋友云游天下，寻求知识、智慧和谦让。刘秀称帝后，这位他年轻时的伙伴消失了。皇帝派出的使者费了很大的劲儿，终于发现他隐居在齐国。他被人从默默无闻的隐居之地送到帝国炫目的宫廷内，被任命为谏议大夫。皇帝十分喜爱他这位青年时代的朋友，以至于曾经和他共卧一榻。但严子陵无意于做官，他在自己最辉煌的时刻彻底退出了，成为一个扶犁的农夫。

在浙江省的富春山中，有一个极富浪漫情调的地方，钱塘江在这里从群山中夺路而出，奔向大海。在湍流的冲刷之下，石灰岩悬崖呈现出破碎而不规则的形状，秀丽如画。一条瀑布从山间的高地飞流直下，跌落在宽阔的水潭中，这个水潭就像一面巨大的镜子，常常倒映着周围的美景。

这处风景优美的所在，位于桐庐县以西大约15公里的地方，被称作"严陵山"，有"锦峰绣岭"之称。这里是严子陵晚年隐居的地方，在这里，他生活得悠然自得，主要工作便是耕田种地，消遣活动便是河边垂钓。

第六十一章
清朝官员的出行和打招呼

仪式，

只是为粉饰气氛而存在，

无言的欢呼，空洞的行为，

善良是多余的，

但我们还可以有真实的友谊，它还在这里。

　　在大多数东方国家，轿子是富人和显贵出行的主要交通工具，无论私事，还是公差。马很少被使用，在方便的大路尚未修造、人们对旅行并不热衷的地方，马车更是罕见。在这个人口众多的古老国家，有权势的人与升斗小民之间的距离一直被小心翼翼地保持着。底层人被贬低到与牲畜为伍，而官老爷从不肯屈尊步行，哪怕是咫尺之遥，也要乘轿前往。

　　中国官员出行时的情形，尽管在很多方面与英国贵族别无二致，但依然非同寻常、别具特色。轿子通常是敞开的，但披挂着帘帷，缀着流苏；一顶丝网（常常编织着银线）覆盖着轿顶，顶部有一个圆球。两根长长的竹竿穿过轿子两侧的 U 形扣，其两端被绳索连在一起，一根短竹竿从绳索下面穿过，短竹竿的两端搁在轿夫的肩膀上，既是为了更快的速度，也是为了更大的排场，另外四个轿夫跟在一旁，随时准备换班。看来，轿夫的数量是有限制的，要么受限于礼数，要么受限于舆论；因为，乘坐八抬大轿的特权通常只有皇帝才享有。这种对礼数的尊重在英国并无不同，只有王室成员才有资格在所有公共场合乘坐八匹马拉的马车，而对于其他级别的贵族，六匹马拉的车被认为已经足够了。

　　仆役走在轿子前面，其中有几个人拿着铜锣，另外几个人则大声喊主人的官职，要求闲散人等给轿子让道；此外，还有一些打伞的、拿锁链的，恐吓周围看热闹的无知百姓，要求他们垂首肃立道旁。轿子抵达目的地，也就是某个被拜访官员的大门口，跟班的差役会递上一张纸片，上面写着主人的姓名和头衔。这张纸片所受到的尊重，完全与它的内容相关。假如头衔显赫，主人会走到门口甚至门外，迎候来访者；如果不是这样，主人就会相应地表现得矜持，或者不那么热情。这种区别不能说是中国特有，即便在那些文明程度已经很高的国家，也普遍盛行，而且由来已久。

　　清朝熟人之间打招呼的方式格外有礼貌：紧抱双拳，然后高举过头顶，同时互致问候，嘘寒问暖。而在那些被认为最谦恭儒雅、彬彬有礼的人当中，单膝下跪也并不罕见。拜访结束，来访者回到自己的轿子里，同样的礼仪被重复一遍，当然，顺序刚好反过来。

第六十二章
官府庭院里的杂耍表演

他们说，这间屋子里充满了欢乐，

有无数的眼睛正在盯着舞台，

一个个小丑逗得人们前仰后合，

啊，每一个人都沉浸在幸福之中。

不仅仅是因为知识分子不那么有涵养，上流社会的生活方式不那么优雅精致，生活水平低于欧美，才使得杂耍和戏法变得如此流行；千百年来，这种娱乐方式在整个亚洲普遍盛行，而且始终被偏见所眷顾。我们对早期中国历史的无知，对本地权威的缺乏信任，使得我们对很多事实（既有有趣的事实，也有重要的事实）一无所知。然而，毫无疑问，变戏法的技艺在东方人当中很早就存在。

在远东地区，土著居民总是被描绘得四肢有很好的柔韧性，同时擅长平衡、腾跃、摔跤，迅速而有规律地移动身体。狂热的苦行，还有宗教狂欢（其间要表演极不自然的身体扭曲），要么来自欺骗，要么来自身心的痛苦，这似乎是杂耍或体操技法的基础。

当一位大人物府邸中的盛宴最终结束的时候，宾客被带到一个敞开的庭院中。亭台楼阁环绕四周，装饰着瓷器、花草和华美的灯笼。这里聚集着一群人：手拿命运之签的算命先生，手拿纸牌和骰子的变戏法者，还有杂技演员。他们能够表演旋转，展示机敏矫捷、肌肉力量及身体的柔韧。

中国人和印度人常在英国表演让四个甚至五个圆球、杯子或匕首持续不断地在空中旋回翻转的把式。中国人在表演这种绝技时，数量比印度人更多，技巧也更高超。中国的婴儿期比迄今为止所知道的任何国家的婴儿期都要长：它的宗教是孩子气的，它的文学也是孩子气的。

第六十三章
金坛纤夫

也许，

这里的江河才是他们的国王，

所以他们还要继续让孩子为他们工作，

难道没有改变吗？

说到这个庞大帝国令人悲叹的专制暴政，金坛的石灰岩地区提供了比其他地方更常见的例证。有一句古老的格言说，要尽可能为更多的人提供持续的工作，凡是人力或畜力能干的事情，机械都无法与之竞争；可是，就连这一句格言也不足以证明纤夫群体所遭受的残忍对待是合理的。

　　他们是一群身强体壮、吃苦耐劳的人，走出了无法养活自己的贫瘠大山，干上了纤夫这一辛苦的营生。他们半裸着身体，肩套轭具（由一块栏板，有时候是一根包着衬垫的木棒组成，其两端系着纤绳），拉动河里满载货物的货船。他们的姿势和努力在插图中得到了充分的体现，看上去，他们给出的不仅仅是肌肉的力量，而且还有身体的重量，拉紧绑在船上的主绳有时候需要他们连续工作 16 个小时，在此期间，没有工夫让他们休息一下恢复体力。对冷酷无情的雇主来说，时间是一个主要目标。

　　很多人谈过纤夫的歌谣，有些旅行者把它比作英国水手的起锚号子或农夫的口哨。但这些都是自由、心灵满足和自愿勤劳的象征，而纤夫的歌谣是一种悲哀之音，召唤纤夫兄弟及时拉紧纤绳，以减轻同伴的重负。

　　直到今天，我们在长江的一些地方还能看见纤夫，他们用自己的力量把船从浅滩拉到可以自由航行的地方。不过，今天的纤夫已经不是清朝的那些生活悲惨之人，已经成为优秀的劳动者。

第六十四章
宁波的棉花种植

这些人扑向那边的白色田野，

一片片棉田被他们采摘干净，

挑拣、抽丝、纺织，

棉线就在那里，在向你招手。

 宁波地区不仅以它秀丽如画的风景而著称，而且还是一座对外贸易十分活跃、兴旺的商业城市。也许是皇帝的保守而不是国民的偏见，使得甬江关闭了与"蛮夷"贸易的大门。但英国人的大炮粉碎了忌妒给对外交往套上的锁链，最近与中国缔结的条约当中，有一项条款就是：英国的旗帜在宁波水域应当得到尊重，受到欢迎。

 中国人突然意识到了当地的优势，从经验中获得了对外交往的知识，熟悉了其他国家和民族的品格和追求；这一地区的百姓很早便开始利用其棉花种植的优势进行贸易。与棉花有关的制造业大概300年前就在印度建立了，而在中国也是如此。棉花在印度和波斯是土生土长的作物，再从那里输送到了亚洲的其他地区。用棉花织成的轻便衣服非常适合当地的气候，棉花在印度成了一种十分常见的舒适品，就像亚麻在埃及一样普遍。有人推测，《出埃及记》中所提到的亚伦和他的儿子们的外套中所使用的材料就是棉花，而不是"细亚麻布"。希罗多德也曾说到过，棉花是埃及人包裹木乃伊布料中的一种；但我们知道，亚麻也被用于同样的目的。这位多才多艺的博物学家还提到，据说亚述女王塞米勒米斯是编织技艺的发明者，而且巴比伦的阿拉克尼城一直被希腊和罗马的作家尊为最早掌握编织技艺的地方。

有人推测，中国人很早就知道棉属植物的存在，并熟悉它价值不菲的品质。但是，他们的偏见，尤其是蒙古人的偏见，导致它一直受到排斥。中国人长期不变的习俗，以及他们对外交的憎恶，长期以来阻碍了棉花的普遍引入。成吉思汗的后代为了排斥外来事物而拒绝采纳这些请求，而明朝则仿效了蒙古人的做法。

从这一时期直到今天，棉花一直被广泛种植，成了大多数人服装的材料。肥沃而潮湿的土壤最适合棉花种植，不管什么地方，只要出现自然干旱，灌溉就必不可少。种植棉花需要格外细心和熟练的技能。

在中国，有两种棉花广为人知：一种粗糙而没有颜色；另一种主要产自江南，品质很高，著名的"南京布"就是用它制成的。这种棉花（其产品呈淡黄色）也被移植到其他行省，但不怎么成功，移植的失败给原产的南京棉的名声造成了极大损害。然而，实验表明，好望角的土壤和气候也适合种植这种淡黄色的棉花。

公元前3世纪之前，中国人的著述中一直没有提到过棉花，但在汉代，它作为一种罕见而古怪的舶来品而受到人们的关注。据记载，502年，梁武帝穿了一件棉布做的长袍，他的传记作者详细描述了这件事。从这一时期到11世纪，棉花的种植始终没有超出官员的游乐场所，推荐种植棉花的唯一理由是它的花很漂亮。但是在这一时期，棉花被重新引入，为了制造业而种植棉花的时代正式开始。

第六十五章

从香山要塞远眺澳门

那里有两座岛屿，

它们在那里，亘古不变，

如果你希望与她会面，

就必须登上最远的地方。

澳门所占据的位置，与其说有利，不如说景色宜人；环绕着澳门半岛的那些嶙峋的山峰也俯瞰着这座城市，海水冲刷着其蜿蜒的山脚，这片水域适合重负货船的航行。

这座城市耸立在一座半岛上，长约 3 英里，宽约 1 英里，其一侧弯曲成一片美丽的海湾，对面的一侧稍稍向大海凸出。在这片岩石嶙峋的高地山脊上，以及在它倾斜的山坡上，建满了教堂、修道院和角楼，还有高高的住宅，就像我们在欧洲看到的一样。一道狭窄的沙质地峡把半岛与香山高地连接起来，高地的山顶上修建了要塞，让卑微的移民者肃然起敬。一道有城堞的围墙横跨地峡，把基督徒与中国人完全隔离开。据说，这道屏障最初是为了阻止天主教牧师的入侵，他们醉心于偷窃中国人的孩子，渴望让他们皈依一种救世的信仰。目的无疑是值得称赞的，但手段值得商榷。

对葡萄牙人的严格管控，反倒让人忍不住相信：所谓拐骗儿童的指控纯属子虚乌有，是作为建造这道防护墙的借口而捏造出来的。一位主事官员（总堂）长住澳门，他通过偶尔停止生活必需品的供应，通过把严格的占住条件强加给他们（比如禁止建造新房子和修缮旧房子），通过时不时地视察葡萄牙人的要塞，留心不让他们补充额外的兵力，不让 400 人的驻守部队有任何增长，从而证明葡萄牙人在澳门的占有权微不足道。未经许可（通常需要一笔酬金才能获得这样的许可），违反这些条件中的任何一条都会受到惩罚。葡萄牙人也不可能偷偷摸摸地实现这样的目的，所有手工艺行当完全由中国人来做。葡萄牙在澳门的行政官员包括一位军事总督、一位法官和一位主教，每人年薪 600 英镑；如果你还记得他们提供的服务毫无意义的话，那么这笔钱就相当可观了。居民当中的华人（大约有 30000 人）只服从中国官员；欧洲人——包括葡萄牙人、混血儿（也是葡萄牙人，但母亲一支是马来人）及各个阶层的外国人——总共不超过 4000 人，名义上由葡萄牙总督管理。然而，这一权力常常被证明十分微弱，不足以与土地的主人相抗衡；后者常常命令所有外国人在接到通知后几小时内撤出，否则就会没收财产，失去自由。由此给贸易、基督徒移民带来的限制是如此频繁、严重，以致澳门的寺庙里常常没有香客，住处没有租户，海港几乎被遗弃。

澳门的政治环境始终呈现出一种历史反常。葡萄牙冒险家长期以来游荡于东方诸海，盲打误撞地踏上了中国海岸，并通过贿赂、交换，有时甚至是野蛮的暴行，才获得了某种承认。大约在 1537 年——无论如何，至少是在圣沙勿略在上川岛病逝之后——葡萄牙人才得到许可，在澳门定居下来。

太多的忧愁使人发狂，

所以他们希望听到你的声音，

你的思想框架是欢乐和欢笑，

在那些酒吧，你带来了延长寿命的良方。

在珠江口，有一系列岩石小岛，长期以来被人们所知，只是很晚才被欧洲人所探访。其中，香港岛是最东边的一座，距澳门只有 40 英里，拥有一个如此隐蔽、宽阔而安全的港口，以至于当英国人的贸易被林则徐从广州赶出来的时候，这里便成了英国商人最喜欢的会合地。

水手们被获取淡水供应的便利所吸引而来到这里，远远就可以看到清澈的淡水从两峰山的悬崖峭壁飞流而下，形成一连串的小瀑布。最后一道瀑布优美地跌入海滩上一个岩石盆中，然后自由自在地流向宽阔的大海。有人认为，这座岛的名字正是源自这道清泉，它的名字叫"香江"。

香港岛的最大长度约 8 英里，它的宽度很少超过 5 英里；它的那些暗色岩山峦是圆锥形的，陡峭险峻，外表看上去很贫瘠，但蜿蜒其中的河流隐蔽而肥沃。温和的气候使得每一个地方都植被茂盛、物产丰饶，凭借其天然位置，十分容易进行农业改良。

1816 年，阿美士德勋爵率领的远征队为了获得淡水和招收翻译而造访了这片海岛。在最近这场争端之初，这里许多个月来一直是鸦片的主要市场。鸦片被从印度带到这里，再转运到两艘军需船上，它们分别代表英国和美国的利益，然后再次装船，运往中国各大港口。

根据英国指挥官与议和大臣琦善之间缔结的一份协议，香港岛被割让给英国女王，短短几个月之后，新移民区"女王镇"的人口就达到了 8000 人，而岛上的总人口才 15000 人。这次割让得到了 1842 年 8 月 29 日签署的《南京条约》的最终确认，当时，英国军队在南京城门前向清朝皇帝口授了和平条款。

作为一个商业转口港，我们在东方诸海航运的一个安全庇护所，作为居高临下俯瞰珠江口的一个战略要冲，以及作为一个兵站，香港拥有极高的价值。但它从未成为中国出口商品直接货运的一个港口，横亘在它与帝国富庶省份之间的那条海岸线多山而贫瘠，完全截断了彼此之间的交通。然而，这个海港是东方最好的锚地之一，它位于岛的西北端与大陆之间，要想进入这里，向南可以通过博寮海峡，向西可以经过金星门通道，东面，船可以紧挨着九龙半岛驶入。

当义律上校发布公告，宣布香港岛是大英帝国领土的组成部分时，他标出了女王镇在南岸的位置。在那里，围绕着自由旗，整个街道开始出现，仿佛被巫师的魔法棒所点起。一条宽阔而坚实的大路一直延伸到大潭港，海边别墅依次绕港而建，俯瞰着香港的壮丽景观，享受着从浩瀚大海上吹来的清新海风。在环绕中国海岸的高耸山链的底部，是九龙半岛，像直布罗陀海峡一样，它将被视为一个中立区，但由于清国违背了条约，这个地方后来被英国人占领。他们驻扎的那座要塞被命名为"维多利亚"，为的是向大英帝国女王陛下致敬。

第六十七章
大家闺秀的闺房

亲爱的小姐，漂亮、优雅、端庄，
你的身上散发着金光，
鸟儿在枝头为你歌唱，
希望爱情尽快来到你的身旁。

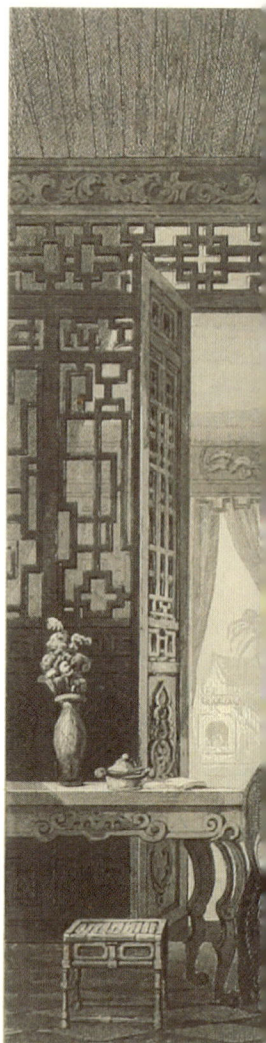

不像欧洲贵族妇女的房间那样塞满家具，中国女性闺房里的装饰并不那么昂贵或奢华——这套房间专门供官家女眷使用，只有她的丈夫、孩子、女性亲戚和下人才能进入。这些闺房的式样、装饰和陈设在风格上千篇一律。习惯性的做法是，大面积覆盖一层高的过道、亭阁、游廊和门廊，让官员的府邸看上去恢宏壮丽。女性从这一雄心中得到了一些好处，她们的房间普遍沿着令人愉快的游乐场延伸，或者环绕着一个人工湖。有一条游廊从这些游乐场和花园通到阳台或门厅，入口处挡着一道丝帘。挑帘而入，便是女主人和她的女儿们的闺房。

中国上流社会的生活习惯千篇一律，就像欧洲上流社会一样，因此，一套房间的陈设和装饰足以说明这个阶层。门厅内，始终是桌子、凳子或摆放工艺品的架子，要么是漆器，要么是竹器，上面摆放着花瓶、盆、

三脚架和托盘，各自装着芳香四溢的鲜花。每间房的天花板上挂着灯笼，用纸、丝绸或兽角做成，色彩明亮，描绘着奇思妙想的图案。睡觉的房间总是在最里面，床放置在壁凹里，在寒冷的月份和高纬度地区围着丝质帐幔，而在闷热的季节和低纬度地区只罩着蚊帐。

　　从插图中可以看到，上层阶级的每一位夫人都有一大堆女佣伺候着。吸烟是一种特殊嗜好，在这里，天性敏感的女性也并不觉得此事可恶；妇人一手拿着装饰精美的烟袋，另一只手举着一面小巧的镜子。在官太太的奢侈品中，音乐占据着突出位置（她可能对文学一窍不通）；如果她的女佣在这一技艺上并不擅长，就会请来一位歌女，在琵琶的伴奏下，用她美妙的歌声，帮女主人打发漫长的无聊时光。

只有僧人还在每天撞钟，
世间早已流传了这里的传说。

　　建造这些柱形宝塔的主要目的，欧洲人似乎不是很理解，事实上，就连这些国家的居民也未必清楚。有一点十分明确：它们专门为佛教建造。但是，它们的形状对于举行宗教仪式并不方便，因此我们大概只能得出这样的结论：它们只是象征性的，或纪念性的。宝塔在中国的建造非常悠久，其历史记载可能并不可靠。

　　南京大报恩寺琉璃塔的历史资料被旁边寺庙的僧人保存了下来。如果他们的叙述可以信赖的话，那

么，要分析它的美感和起源，也就有了坚实的第一步。曾德昭神父 1613—1635 年间居住在南京，他说琉璃塔"足以媲美古罗马最著名的建筑"；李明神父 1687 年见过这座宝塔，他说："它无疑是整个东方建筑中最精良、最华丽的建筑。"鸦片战争中占领南京的英国人重复了这样的赞美之词。

这座宝塔主要用于佛教祭拜，有段时间被命名为"报恩寺"，后来又被称作"琉璃塔"。在这幢宝塔的周围，曾耸立着一座三层方尖塔，供奉阿育王。公元 240 年，吴国孙权修复并装饰了这座已经朽败的方尖塔，改名"建初寺"，但后来整个建筑毁于大火。

据说，在这块神圣之地，建造了一座又一座寺庙，每座寺庙都取了一个表明其建造目的的名字，直至眼下这座辉煌的宝塔。在中国人眼中，它被认为在重要性和神奇性上仅次于长城。在明朝廷从南京迁往北京之后，眼下的这座宝塔便奉皇帝之命，放下了第一块奠基石。工程在永乐十年（1412）六月十五日午时开始，前后建了29年，直至宣德六年（1431）八月初一才完工，那是永乐皇帝去世6年之后。它最初是作为感谢皇太后的一份礼物而建造的，至今依然保留着"报恩寺"的名称。监管这项工程的建筑师所参照的是一项伟大的设计；准确的造价是白银2485484两，约合75万英镑。

这座精致而漂亮的宝塔经受住了岁月的风霜，但在嘉庆五年（1800）五月十五日寅时，琉璃塔遭雷击，塔顶三方九层损坏。南京总督得到皇帝许可，修复了雷电造成的损坏，1802年完工。1842年，一队英国水兵拿着镐和锤子，试图凿开寺院的墙壁，盗走里面的古董——但没有给这座中国建筑艺术的奇迹造成任何损害。破坏者很快被逮住了，英国当局也做出了赔偿。

琉璃塔即报恩寺塔，亦称长干塔。嘉庆十六年刊《江宁府志》卷十载："报恩寺，一曰建初寺，一曰长干寺，一曰阿育王寺，在聚宝门外聚宝山。吴赤乌间，天竺国人康僧会东游至建业，言阿育王役鬼神起塔事。吴大帝诘难之，乃礼请，三七日得舍利，始大嗟服，即为建阿育王塔，号建初寺。言江南初建塔之始也，因名其地为佛陀里，后孙皓毁废。……梁大同中，出旧塔舍利，敕市寺侧数百家宅地，以广寺域。……明永乐十年，敕工部重建，造九级琉璃塔，皆准大内式。至宣德六年，凡二十九年始成，赐额大报恩寺。嘉靖时毁，惟塔及禅殿存。"俞鸿渐《登报恩寺塔》云："原是孙吴旧道场，千年重建忆文皇。添来异气长干里，抵得神功阿育王。举世倾心祈佛佑，有人挥泪换僧装。不封不树西山墓，付与群鸦吊夕阳。"王安石《长干寺》云："梵馆清闲侧布金，小塘回曲翠文深。柳条不动千丝直，荷叶相依万盖阴。漠漠岑云相上下，翩翩沙鸟自浮沉。羁人乐此忘归思，忍向西风学越吟。"

第六十九章
肇庆府羚羊峡

昨天，鲜血流过这里，

今日，人们早已忘记，

在这湍急的河流中，埋葬了

多少人的希望。

在广东的西部，有一片苍茫的群山，是众多河流的发源地，众多有价值矿产的储藏地，众多珍贵木材的天然生长地。这片高山地区的悬崖峭壁突兀而醒目，在某些地方，它们似乎就高悬于河床的上方。山脚在经年累月的激流冲刷下，被掏空了，以至于到处都可以看到布满的洞穴，当地人称之为高峡山。在峡口，正午太阳的光线也无法穿透，这些石灰岩洞的神奇和美丽，只有借助反射光才能看到。峡口的高地在传说中名扬四方，因为那里曾是一场血腥战斗的竞技场。

三国时期，这一地区被交给吴国的交州刺史步骘治理，但遭到刘表大将衡毅和钱博的顽强抵抗。在峡口高地，衡毅和钱博在一场惨烈的杀戮中被击败。被鲜血染红的江水流到广州城，人们见证了这场决战的惨烈。就在这场战斗结束之后，一群羚羊奇迹般地变成了石头——失败一方的守护神把它们变成了石头，目的是让胜利者挨饿。羚羊峡由此得名。

在羚羊峡地区，大自然不仅在秀丽如画的风景上非常慷慨，而且在丰富的物产上也十分大方。江两岸，任何一个能在群山之间挤出一条通道的地方，任何一个能安插进一个村庄、一片农场或一间茅舍的地方，都被占满了——富有的矿主或林场主居住在最受人欢迎、最讨人喜欢的小岬角上，他们手下勤劳的工人则居住在其上的山峰和山坡上。在某些情况下，当地的居民，尤其是那些从事运输本地物产（矿石或是木材）到广州的人，则常年生活在水上；一个牢牢绑在一起的粗糙木筏，通常是整个水上村庄的安身之地，其住户既不拥有，也从不寻求另外的家。

羚羊峡位于肇庆市东南，由羚羊山（一名"高峡山"）与烂柯山夹西江而成。《广东通志》卷一〇七载："高峡山在府东三十里，高千仞，周三十余里，与烂柯山对峙。江流至此，夹束而出。羚羊峡在县东，水行三十里。《南越志》云：羚羊峡一名高要峡，山高百丈，江广一里，华翠之树，四时葱茏。相传山有羊化石，因名羚羊峡。"原文中所叙羚羊峡之战，《水经注》卷三十七和《太平御览》卷一七二均有记载。

155

第七十章

北京卖灯笼的店铺

城市的灯光已经将人照亮，

他会瞬间感到愚昧被驱散，

但是，还有更多的黑暗，向他袭来。

有一些风俗、时尚和习惯，随着国家的发展而得以形成，其起源的确切日期已经湮灭在过去那云山雾罩的岁月里了。如今习惯与民族性格紧密联系在一起，以至于人们提到这个国家的时候，就会不由自主地联想到这样的习惯。中国人打灯笼的习惯便属于这种独特的民族性格。夜幕降临之后，街头巷尾，大路通衢，每个行人都打着一盏灯笼，上面写着他的姓名和住处；违反这一规定的人就会被衙役逮起来，一直关押到官老爷有闲工夫听审他的案子，并做出判决。大路上的车轿必须点一盏灯笼，广州（其他城市也一样）的河面上总是灯火通明，薄暮时分，所有船只都要挂出灯笼。

灯笼的形状和材料各不相同。各种形状——球形、正方形、五边形、六角形等，而且很多面都得以利用；骨架可能是木质、铁或其他金属材料。灯笼中很少使用玻璃，或者说，事实上有数不清的替代品，但无论如何也不是为了充当镜子，其中包括兽角、丝绸、牡蛎壳、纸、线网和薄纱，都被涂上了一层坚固的清漆。

制作灯笼是一宗有利可图的生意，在制作过程中，很难说究竟哪一部分更值得赞佩——是兽角的尺寸和造型，还是填充框架的彩绘嵌板？灯笼画师是颇受尊敬的艺术家，他拥有非常广泛的设计知识，简直就是一位色彩大师。只有最令人愉快的题材——要么是风景，要么是人物——以及最花哨的色彩，才被认为适合灯笼的嵌板，这是一种普遍的观点，尽管这个装饰物可能是打算用来照亮孔庙或菩萨庙的墙壁。

由于面板所使用的材料不透明，面板上装饰过多，同时也由于灯笼本身的天然结构，这些造价昂贵的玩意儿所提供的光线并不尽如人意。灯盏包括一根棉芯，浸泡在灯油里，除了增加灯芯的数量之外，没有别的措施来增加光线的亮度。灯笼通常使用的是最好的油，出烟很少，燃烧充分。油是从中国本土出产的花生中提炼出来的，在底层社会中，它是黄油的一种替代品。

希腊诗人泰奥庞普斯，阿格里根图姆的恩培多克勒斯，据说是最早提到这种发明在他们各自国家存在的人；在赫库兰尼姆和庞贝古城中也都发现了这种实用的东西。据说，罗马竞技场的比赛就是借着灯笼的光亮举行的，而且，朦胧的光线刚好让恰如其分的光亮笼罩着希腊人的宗教狂欢。普鲁塔克声称，灯笼被使用在占卜活动中。假如从阿尔切斯特的大火中逃出来的蒙古人屈尊研究一下罗马的历史，他们就会清楚地懂得军用灯笼的妙用。当罗马军团在夜间行军的时候，一支戟的顶端挂着一展灯笼，引领他们前行。

香港被一条海峡隔开，这条海峡在有些地方的宽度不超过半英里，而在另一些地方则扩大到了 5 英里。九龙半岛是它的对岸，其尽头能俯瞰这座迅速发展起来的城市，在那里，有两处中国人的要塞。在东方的诸海中，香港湾是最令人赞叹的。它的自然优势在于自身的深度和宽阔，也在于它能在台风到来的时候为大型商船提供一个安全的避风港。高高的山峰升起在周围景观的背景上，似乎隐现于海峡的水面，这座山被称作"香港峰"，尽管隔着遥远的距离，但一眼望去，它的形状和轮廓甚是漂亮，仔细审视之下，你就能看出它的贫瘠和荒凉。它的顶峰和伸出的侧峰都是坚硬的花岗岩，但对于移民者来说更容易获得，因为它是一种耐用且方便的建筑材料。正如在类似构造的其他地区一样，这里的花岗岩也是在最高处找到的，那里高出海平面 2000 英尺。

中华民族并不是一个善于航海的民族，他们航行于大江大河、宽阔的运河与平静的湖面，他们也沿着这个庞大帝国的那些有些荒凉的海岸缓慢航行。但是，由于他们不愿意探访外国，也不愿和相距遥远的民族做生意，或者说，由于他们几乎与生俱来的谨慎，他们很少像英国水手那样，把自己的命运押在海洋那宽阔浩渺的水面上赌一把。对于这样一些缺乏航海经验的水手来说，香港海峡，连同它温暖舒适的庇护所和安全的避风港，其价值是无法估量的。鸦片战争之前，在九龙岬（他们的小舢板就在它的正前方停泊），矗立着一个村庄和两座炮台。村庄与海水隔着一段距离，但要塞的位置就构成了一直向锚地延伸的九龙半岛的东南端。这里的土壤比对岸肥沃，气候不那么潮湿，大气的变化也不那么频繁、剧烈，这里比香港岛更适合用于军事或商业。

当英国的远征军到达这一水域，舰队在九龙获取补给时，他们发现，当地人在此从事着活跃的贸易，但范围很小。根据英国人与这些"违约者"最早订立的条约，双方同意，九龙应当被视为中立区，矗立在那里的两座炮台应当拆除，以消除英国方面的担心。但这一协议并没有得到遵守，最后导致英国人对九龙的占领。年久失修的炮台得以重建，一座坚固的要塞配给了英国军队，这里便被称作维多利亚要塞。

第七十一章
九龙半岛的维多利亚要塞

现在休战吧，我们可以烧掉一切，
屠杀我们的英雄，撒掉他们的骨灰，
即便这样做，也逃不过战争的审判，
强大的朱庇特决定，只有征服才能结束所有。

第七十二章

通州魁星楼

她把希望带到人间，

并让它们随风飘扬，

我从东飞到西，

只为抓住那一点微弱的希望。

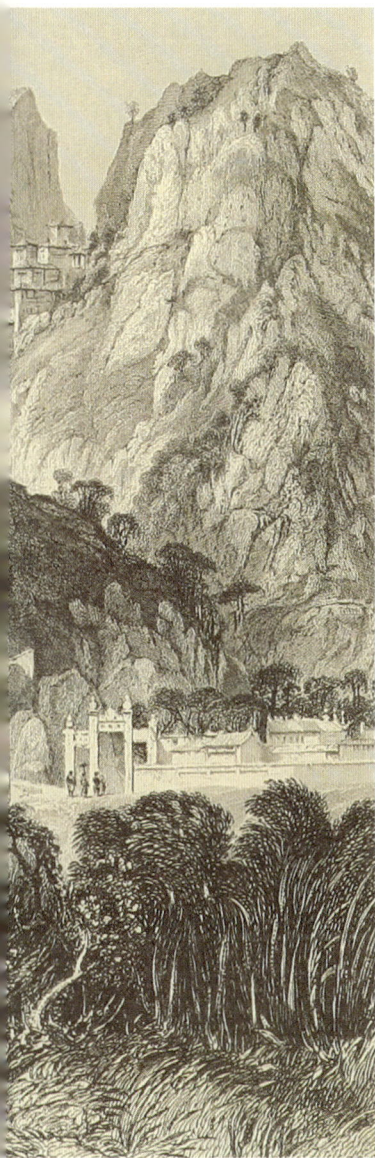

这幢建筑在建造上显示出了无穷的变化，然而却是严格遵照那些为限制民用建筑的律法修建的，魁星楼被认为是通州建筑中的佼佼者。草坪从波光潋滟的白河岸边一直延伸到这幢建筑的院子里，构成了一块宽敞的区域，人造小溪横贯其中，人工湖星罗棋布，拱桥的数量远远超出了需要，它们的建造，是为了奢华，而不是为了方便。走过花园和草地，游客便来到了正前方的院子里，那是一个宽阔而明亮的高台，德高位尊的主人有时会在这里接待访客，接受他们的叩首致敬。

从图上并不能看到魁星楼的全貌，仅能看到它的柱廊、过道、阳台、楼厅等。过多的重复并不那么令人愉悦，也不会有更好的效果。构成整个建筑的殿宇数量庞大——立柱的实际数量多得有些荒唐；而且，这幢建筑的占地面积至少有一英亩。

清光绪五年《通州志》卷二的"楼台亭阁"部分，就有"魁星楼"一处与书中的英文名称较为接近。据《通州志》记载，魁星楼"在州城阜宁坊左，明万历三十八年工部郎中陆基恕建，楼三层，中设文昌像。康熙间，通永道霍公炳修复；雍正元年，知州黄成章修；乾隆三十九年，火灾，焚去楼二层，现存壅基一层；咸丰十年，州判胡世华捐修"。

第七十三章
从九龙半岛远眺香港

你好，香港，我们的天堂，

你的第一篮水果送给了我们的女王，

在你身上我们看到未来的希望，

就像皇冠上那颗最耀眼的明珠。

远远望去，香港就像点缀在珠江口的"千岛"中的任何一座岛屿一样——险峻陡峭，毫无魅力。它的高山常常以陡峻的山峰结束，密布着大块的岩石，以及原始地岩层，经常以一种引人注目的、有时甚至以稀奇古怪的方式彼此重叠在一起，不时出现一座低矮的小山，覆盖着砾石和沙子。从山顶到海边，几乎没有什么树，除了 5 ~ 8 月份，这些小岛有些绿意外，其他时间几乎被认为是不毛之地。

　　离船登岸，仔细审视这座小岛就会发现，有一道连绵不断的山脊，把岛的北面、东北面跟南面、西南面分隔开，这道山脊距离海面的高度超过 500 英尺，大多数地方超过 1000 英尺，不止一处达到了 1744 英尺。而岛的宽度不过四五英里，那么，你就不难想象，从任意一侧到达海边都非常陡峭。

　　两条很深的峡谷把岛的东部跟中部分隔开。这两条峡谷源自同一片高地：一条沿东南方向，止于大潭湾；另一条沿北向，止于一条小河。同样有两条峡谷把岛的西部跟中部分隔开来，它们也都源自同一片高地：一条向南，止于一片高低起伏的地区，薄富林村便坐落于此；另一条向北延伸，形成了总督山及其下的一小块平地。这些峡谷都有小溪流淌，下雨的时候很快汇聚成滚滚洪流。但是，有些不同寻常的是，在一年中的旱季，它们也从未断流。还有一些更小的溪流，一年四季提供充足的淡水资源。

　　维多利亚是岛上唯一的集镇，是英国人在 1841 年根据《南京条约》创建的。璞鼎查爵士抵达这里的时候，只支起了一顶帐篷，作为政府的驻所，然而，在短短的两年时间里，一座大型集镇便拔地而起，并居住了稠密的人口。环绕整座岛修建了一条 16 码宽的军用大路。公共建筑的清单上包括政府大楼、监狱、法院、教堂、浸信会小教堂、天主教机构、马礼逊教育会、普通医院、传教士医院和海员医院等。包括位于政府大楼东边的华人区，总人口达 14000 人。

　　岛上最大、最重要的赤柱村共有居民 800 名。这个地方共有

180余间住房和商铺，每幢房子的平均价值是400元。人们从事贸易、农业和鱼类加工。这里大约有60亩土地被耕种，一亩稻田40元，一亩菜地14元。当地人每个月要加工20000磅鱼，过程中要消耗4000～5000磅食盐。350艘大小船只往返于此，但属于本地人的船只不超过30艘；大多数船只用来在附近地区捕鱼，加工好的鱼被运往广州及附近等地，换回生活必需品。

赤柱村的房子尽管劣于内地普通城镇的房子，但依然好于香港岛上其他村庄的房子。不过，赤柱村的耕地质量和数量都不如其他村子，那些村子完全可以被称为农业村。除了我们提到的这些大村落外，岛的东岸还有很多小村庄，香港那些品质极好的花岗岩便是从这里采集的。

岛上出产芒果、荔枝、龙眼、橘子、梨、稻米、马铃薯、甘薯等；这里还生长着少量的亚麻，村民加工后供家庭使用。自从英国人占领这座小岛后，欧洲的马铃薯以及广州和澳门的水果，都被引进来了。很多欧洲的种子被伦敦园艺协会的代理人带到了这里。香港岛及周边小岛的岩石主要为花岗岩，几乎囊括了花岗岩的所有种类。有一种花岗岩非常巧妙地混合了石英、云母和长石，是最好的建筑材料；另一种花岗岩也以不同的比例混合了这三种成分，但混合得不那么紧实，只适合用作地基、堤坝及其他粗糙的土石工程。

第七十四章

武夷山

这里长满了绿色的眼睛，

其实是一片片茶园，

不少女子正在此处忙碌，

一叶叶新茶被她们采摘下来。

武夷山以产茶闻名，而更能让人记住的是围绕这片风景如画的岩石山峰所产生的传说。武夷山位于福建省建宁府崇安县以南，包括 76 座山峰。九曲溪从这些奇形怪状的石灰岩山峰间蜿蜒流过，给这片独特的风景增添了光彩和装饰；俯临河流上的每块岩石、每个悬崖峭壁，都在这个民族的诗歌或传说中流传开。

武夷山的名字源自一个名叫武夷君的神仙，他经常从云端仙居到此处，把他的临时住所安顿在七十二峰中最喜欢的地方。这位武夷君思念和爱慕的人是谁，他来自哪个种族，人们并不知道；不过，据《神仙传》记载，有一个国王生了两个儿子，长子名"武"，次子名"夷"，他把王位传给了这两个儿子，据说只有长子探访过他留下的遗产。然而，他的宫殿通不到人间，宫殿耸立在一座孤立高山的顶峰，四面垂直。这位神秘君主的宫殿今天是不是依然存在，想要查明这一点，就像当年一样困难；因为"大王峰"（又称"天柱峰"）至今尚未有人登顶。

董天工《武夷山志》卷六载："大王峰在武夷宫右，此入武夷第一峰也。巍然雄踞，拔地数百丈，矗立云表，亦名天柱峰。其麓稍陂陀，至峰腰则峭壁陡起，四面如削，下敛而上侈，架梯三重以登顶。上有岩洞、台、池之属十数处，相传魏王子骞与张湛辈十三人辟谷于此。"朱熹《天柱峰》云："屹然天一柱，雄镇干维东。只说乾坤大，谁知立极功。"罗伦《大王峰》云："大王峰上玉皇家，彩屋红云衬紫霞。老尽曾孙今又古，东风空醉碧桃花。"

第七十五章
澳门南湾

繁忙的市场、教堂、街道，

今天已然坐落于此，

成千上万的人前来，

一切让城市的优势发挥到极致。

葡萄牙人以商业进取精神著称，以传播基督教著称，以热爱艺术和文学著称。所有这些高贵的品格，保存下来的证据却寥寥无几，如果我们把老卢西塔尼亚那些奢侈豪华的建筑奇迹排除在外的话。他们曾在东方诸海拥有一些霸权，但后来逐渐衰败了。他们的殖民地纷纷建立了独立的国家；他们的君主（古代布拉干萨王室家族的后裔）在侵略者逼近的时候望风而逃，放弃了父辈的王座，把重新夺回世袭领地的荣光留给了英格兰，留给了威灵顿。这个国家的命运取决于其君主的禀赋和决心。澳门曾经是个贸易繁荣的港口，西班牙（葡萄牙傲慢的邻居）被迫在那里降下自己的国旗，升起竞争对手的旗帜。任何时候，只要英国接近中国海岸，只要英国商人找到了有利可图的经营领域，澳门就只能成为过去的记录。

南湾是这个东方贸易中心幸存下来的最引人注目的范本。从海上靠近它，这条漂亮的回廊便呈现出醒目而惬意的模样。一排漂亮的房子在海滨 700 码的上方一路延伸，它们依据海湾那优雅而规则的形状，建成了一弯新月形。前方有一道铺着石块的人工防波堤，形成了一条宽敞的步行道，偶尔被装卸货物的码头和下到水边的台阶打断。葡萄牙总督的住地就在这里，英国人的工厂也在这里，此外还有海关，门前飘扬的皇帝龙旗，显得格外醒目。主街的尽头，耸立着议事大楼，规模颇为可观。南湾的另一侧，有一排五花八门的建筑，呈现出不同的风格，包括英国人的房子、葡萄牙教堂的塔楼、中国人的寺庙，以及民用建筑（通常是奇形怪状的）。圣约瑟教堂是 12 座教堂中最宽敞、漂亮的，也是最早一批移民者建造的，用于供奉使徒，如今是一所书院，装饰华丽。

这座城市的海景看不出中国人的特征，因为澳门底层的居民全都住在后街，他们的房子只有一层高，被周围葡萄牙人和英国人的房子遮挡了。中国人通常是经营谷物、蔬菜和海上供应品的生意人，此外也从事细木匠、铁匠、裁缝等行当。

看那对阵的双方，

正在念叨着那古老的名姓，

同时加以拜祭。

镇海位于甬江的入海口，是浙江省一个县的首府。场地天然异乎寻常的坚固，俯瞰着高高的半岛，一侧由海水冲刷形成，另一侧则承受着甬江湍急河水的冲击，但有一条石砌防波堤保护着。这条宏伟的海堤沿着海岸延伸了6英里，守卫者处于高水位线下的一片平地。镇海半岛的尽头曾建有一座巨大的炮台，但已拆毁多年，无人驻守。在最近的鸦片战争中，英国军队带来的恐怖吓得惊慌失措的市民到那里去寻求安全。

图中所绘的是镇海县学宫文庙的正门"大成门"，《镇海县志》卷十载："学宫在县东北隅，宋雍熙二年主簿李齐始建先圣殿于县东二十步。"后历经重修和扩建，逐渐成为一个庞大的建筑群，内有大成殿、明伦堂、崇圣祠和学堂等。

这是你们的信条——虚伪和严厉，

哦，人们啊，你们本性竟如此可怕。

但看，天空有鸽子飞翔，

带来了基督的信条——信、望与爱。

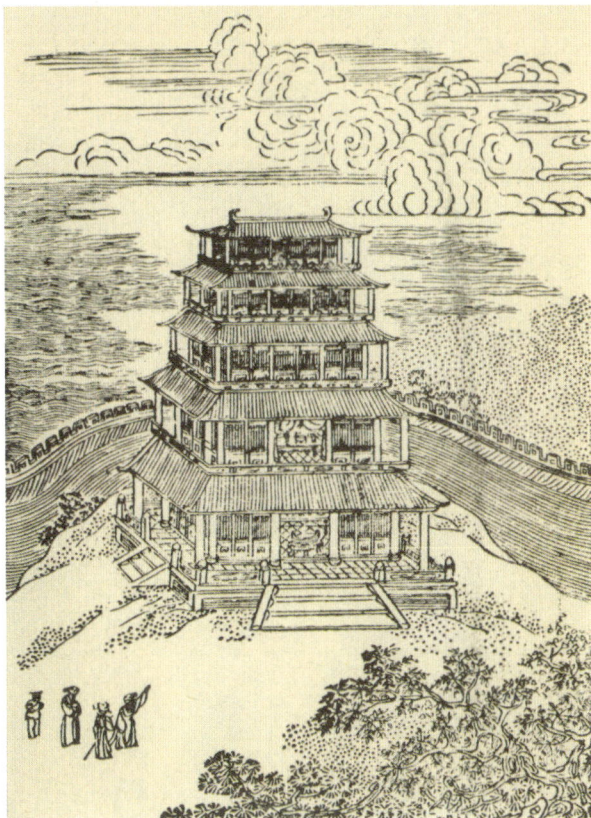

　　从广东省穿境而过的北江发源于梅岭，流经一处风景如画、丰饶富庶的地区。河床把砂岩构造与石灰岩构造分隔开，大概只有一个地方除外，在那里，江水径直穿过壁立千仞的砂岩，形成一个巨大缺口。

　　在这个引人注目的狭口以北数英里的地方，便是韶州府城，被很不友好的砖石城墙围了起来，附近是这条适航水道的源头。有一座浮桥在这里跨河而过，浮桥的中间部分很容易拆除，好让船只通过。江水平缓地向下流淌，早在航行者到达之前，一处峭壁便远远地把他的目光吸引过来，峭壁高出江面700英尺，顶部呈圆柱形。这块悬空伸出的岩石被称作"广岩"，由转移层石灰岩构成，在有些地方因其不规则的多泡表面而引人注目。岩石脚下，一处宽阔的水平台地形成了码头，只高出最高水位标记几英尺。沿着一段长长的阶梯拾级而上，便来到了一座建在山岩缝隙间的佛寺，有很多和尚长年居住在那里，履行他们的宗教职责。

第七十八章
太湖娘娘庙

爱与恨我们不能把握，
只有命运才能将其把握。

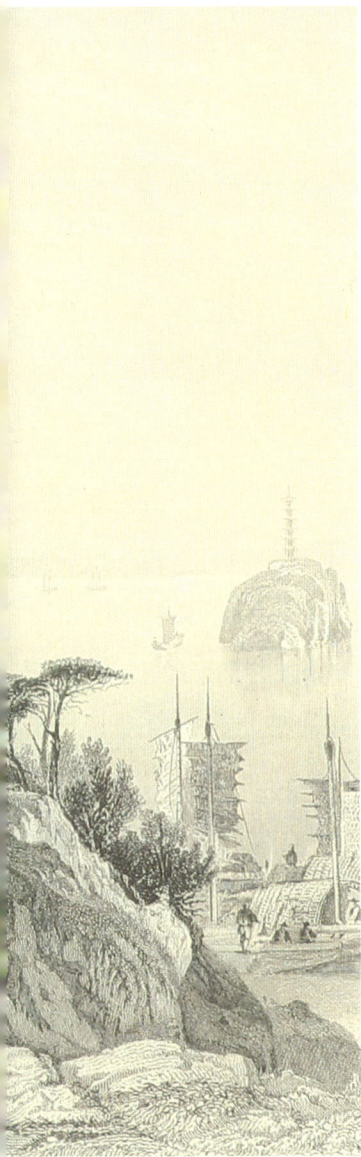

太湖东岸附近有很多在水中闪闪发光的小岛，有很多岬角伸入湖中，还有很多山峦俯临湖上。所有这些都使得太湖的风景更加秀丽如画、妩媚迷人，这样的景色被当地居民欣然接受。可以看到别墅和农庄依偎在突兀的山链脚下，两座细长的宝塔标示出进入菠萝湾的入口，一座耸立在一个岬角的端点，另一座跃起于一座岩石小岛的顶峰。这里，水面平静如镜，只有往来的商船搅扰了它的宁静。商船通过大运河，把棉花或进口的外国商品从杭州府运到这里。贸易活跃，利润可观，这就需要建立一个收税机构，门前竖着的旗杆和龙旗就是这个机构的标志。

在这幅插图的前景部分，有一座神庙，香客们经常到这里求签问卦，打探前程。那里有一口井，据说井水有治疗爱情创伤、促进美满姻缘的特效。庙内的墙上挂着一幅女娲的肖像，她曾在菠萝湾的岩石上生活了许多年，去世的时候把自己的住处留作失恋者的庇护所。推测起来，想必她就是一位失恋者。女娲是不是把她的超自然力量留给了她的住所，她生前是不是漂亮，或者人们出于什么样的目的，才把她的肖像画成了现在的样子，这些我们都不知道。但是，人们相信，有很多失恋的情人，被神庙的名声吸引，来到它的祭坛前寻求解脱，结果迷上了女娲的肖像，不能自拔。

娘娘庙，又称吴妃祠、集福庵、太姥行宫，位于有"太湖小蓬莱"之称的三山岛（东洞庭山）。明谢晋诗《吴妃祠》云："海中三岛神仙宅，湖上三山神女家。姊妹晨妆明绿水，往来峰顶弄烟霞。"

在江南省众多的繁华城市中，太平府就政治上的重要性而言仅位列 12 位，但就风景如画的地理位置及一般意义上的优雅和文明程度而言，堪称第一。它独享了江南省的自然福祉、温和气候和富饶土壤，使得它的产品的品质和公共书院的名声能够媲美帝国最大的城市。墨、漆器、米纸、棉花、丝绸，构成了他们输出的最重要、最赚钱的产品；鲑鱼的产量非常高；在这里，盐、大理石和煤可以从周边地区大量取得。

三条通航河流在这里交汇，它们是长江的支流，早年，商人、制造商和运输商纷纷被吸引到这里。当地政府认为，建立一个关卡是明智的做法，可以收费和颁发执照。城市的位置在一个半岛上，周边的河流借助浮桥或舟桥跨过，它们随着水平面而升降。这样灵活的结构，对航行的阻碍比木质结构或砖石结构要小得多。当河水上涨的时候，它们很容易被拆除，恢复起来也很迅速。有很多公共建筑，尤其是那些研究儒学和哲学的书院，这些学术场所为帝国提供了大量的熟悉法律和医学的杰出人物。

太平府的名声非常悠久，很多皇帝都曾授予它特权，以表彰它为国家培养的官员。大禹时期，这座城市属于扬州；孔子时代，它属于吴国；战国时代，它先后属于楚国和秦国；不久之后，它在中国的地图上被称作太平。它现在的名字太平府是明朝规定的。在古老的中国，故事中最著名的关卡莫过于昭关了。战国时期，伍子胥过昭关一夜白头的故事，至今仍被人们传诵。

昭关位于安徽和州含山县。顾祖禹《读史方舆纪要》卷二十九载："昭关，县北十里小岘山西，崎岖险仄，拒守于此，可以当卢、濠之冲。"光绪二十七年刊《和州志》卷四载："小岘山，县北十五里，一名昭关。其西有城山，两山峙立，为卢、濠往来之冲。"

第八十章
扬州的渡口

哦，我长途跋涉越过高山，来到河边，

一股清新的空气令我陶醉。

就像带给我的甜蜜礼物，

在日光下熠熠生辉。

在学识渊博的耶稣会士留下来的关于中国和中国人的记述中，有一些小的谎言、谬误或夸大，但也包含了更大比例的真实。但不管什么原因，他们严重歪曲了那个时代（事实上其他时代也一样）扬州府的情况。这一指控尤其针对下面这个说法：扬州府的居民煞费苦心地培养了很多年轻女子，教她们唱歌、演奏乐器、绘画，以及才艺表演所需要的各项技能，然后把她们当作小妾卖给达官显贵。这完全是误解：女性并没有因此而沦为奴隶或公开买卖的商品；帝国的居民本都是皇帝的奴隶，又如何奴役他们的同类呢？这些女子从小操习她们父母的职业，后来作为公共表演者取悦上流社会。假如耶稣会士们说"在这里，音乐、绘画、诗歌和文学都得到了高度发展"，那才是这座城市及邻近地区名副其实的特征。

这一地区的气候令人愉悦，就像地中海地区的南意大利和西西里一样。周围的乡村风景如画，富于浪漫情调，场景变化万千：既温顺也狂野，既熟悉也荒凉。这里的商业非常活跃，以至于很多人被吸引到了这里，然后安心留下。

在一座设计奇特的平拱桥下面，大运河的水流入长江，在一块岩石高地上，游乐园、亭台楼阁、

乡村戏院应有尽有，从那里可以俯瞰江南的宜人风光。傍晚时分，达官贵人和富商操持完商业上的事情之后，便退隐到这片岩石高地。每逢这个时候，从桥上通过的人就特别多，以至于这座平拱桥不可能在同一时间容纳这么多人，于是便有船只渡他们过河，虽然这段距离只有几码。在横贯扬州渡口的那条运河的入口处，有一个小河湾，盐船在那里靠岸，把价值不菲的货物转移到在本省的运河和小河上航行的平底船上。

图中描绘的地方便是大名鼎鼎的瓜洲渡，位于长江与古运河交汇处，其地理位置十分重要。嘉庆《瓜洲志》卷一云："瓜洲虽江中沙渚，然始于晋，盛于唐、宋，屹然称巨镇，为南北扼要之地。"又云："瓜洲虽弹丸，然瞰京口，接建康，际沧海，襟大江，实七省咽喉，全扬保障也。且每岁漕艘数百万，浮江而至，百川贸易迁徙之人，往还络绎，必停泊于是。"张祜《题金陵渡》云："金陵津渡小山楼，一宿行人自可愁。潮落夜江斜月里，两三星火是瓜洲。"王安石《泊船瓜洲》云："京口瓜洲一水间，钟山只隔数重山。春风又绿江南岸，明月何时照我还。"萨都剌《过江后书寄成居竹》云："扬州酒力四十里，睡到瓜洲始渡江。忽被江风吹酒醒，海门飞雁不成行。"

第八十一章
广东的街道

如果你漫步在城市的街道，
就能感受到它的不同，
这里的人们无论高矮，
都拥有一颗崇尚美的心灵。

　　老广州为中国的街头生活和街头习俗提供了一个范本，可以看作中国城市场景的缩影。如果我们仔细审视各种生意人的行业习惯和生活方式，详尽描述观光客视为怪癖的那些东西，便可以看出，它们与欧洲习俗，甚至与古老的伦敦习俗之间存在着明显的一致性，这种一致性远比我们通常想象的更加突出。从它悠久的历史开始，繁荣的贸易很早就在这里建立起来，人口的增长超出了城墙的限制，一块范围更广的区域被添加了进来。然而，插图所呈现的，既不是这块新添加的区域，也不是欧洲人的聚居区，而是广州府核心地带上一条生意繁忙的街道。最初的城墙只有 6 英里，但城市和郊区的人口，连同珠江上栖息于小船中的水上居民，预计达百万之众。

　　城墙内的区域面积有限，但由于街道都非常狭窄，规划建筑用地十分节约，广州城的街道和房屋竟然多得令人吃惊。这一布局必然妨碍了马车的普遍使用；广州的街道有点像铺着石板的院子和过道，给行人提供了极大的便利，也有利于减少大街上人群的规模。还有人把它跟巴黎的拱廊街道相比，这一类比并无不当，除了庇护街道的玻璃顶篷之外，它们在许多方面都有相似之处。每条大街都铺着很宽的花岗岩石板，因此，如果马车流行，或者允许马车进入，它们就会跑得像有轨电车一样快。然而，在大多数情况下这都是不可行的，每一条街道都缩小到只有门道那么宽。街道的尽头装着一个结实的木阀或铁门，还有一间警戒室，里面住着守夜人，他们的职责就是照料这些分开的、单独的街道，避免小偷进入，并在出现火灾的时候发出警报、帮助救火，维护居民的和平安宁。不过，这种对自由的限制并不是什么古怪的特色；在欧洲大陆的一些城市和大集镇（犹太人在这些地方被局限于特定的聚居区），这一做法由来已久，每一条街道的尽头也都安有这样的门。这些门到了夜里就会关闭，由当地的警察守卫。在日本的长崎，荷兰商人如果想上岸睡觉的话，夜里也要遭到类似的监视。

在建筑上，尤其是在屋顶的构造和支撑上，科学知识的缺乏妨碍了中国建筑师的想象，以至于中国人的房子很少高于两层，即便是两层，也主要借助木质框架来实现。富裕阶层的房子通常是用砖石砌成的，不那么富裕的家庭往往使用砖木结构或木结构建造，而贫穷的家庭则通常使用黏土或泥块搭建房子。

在城里人口最稠密的街区，往往采取一些极端措施防止火灾的发生，在火灾出现时发出警报，并尽可能迅速扑灭大火。每条街道的守门人都装备了一个声音响亮的钟铃、一面大锣或一把巨大的号角，用来叫醒和提醒街上的居民。几乎在每幢房子的屋顶都竖起了一个竹竿搭建的瞭望台，从瞭望台上可以察觉危险，有效地发出警报，以便人们及时逃命。

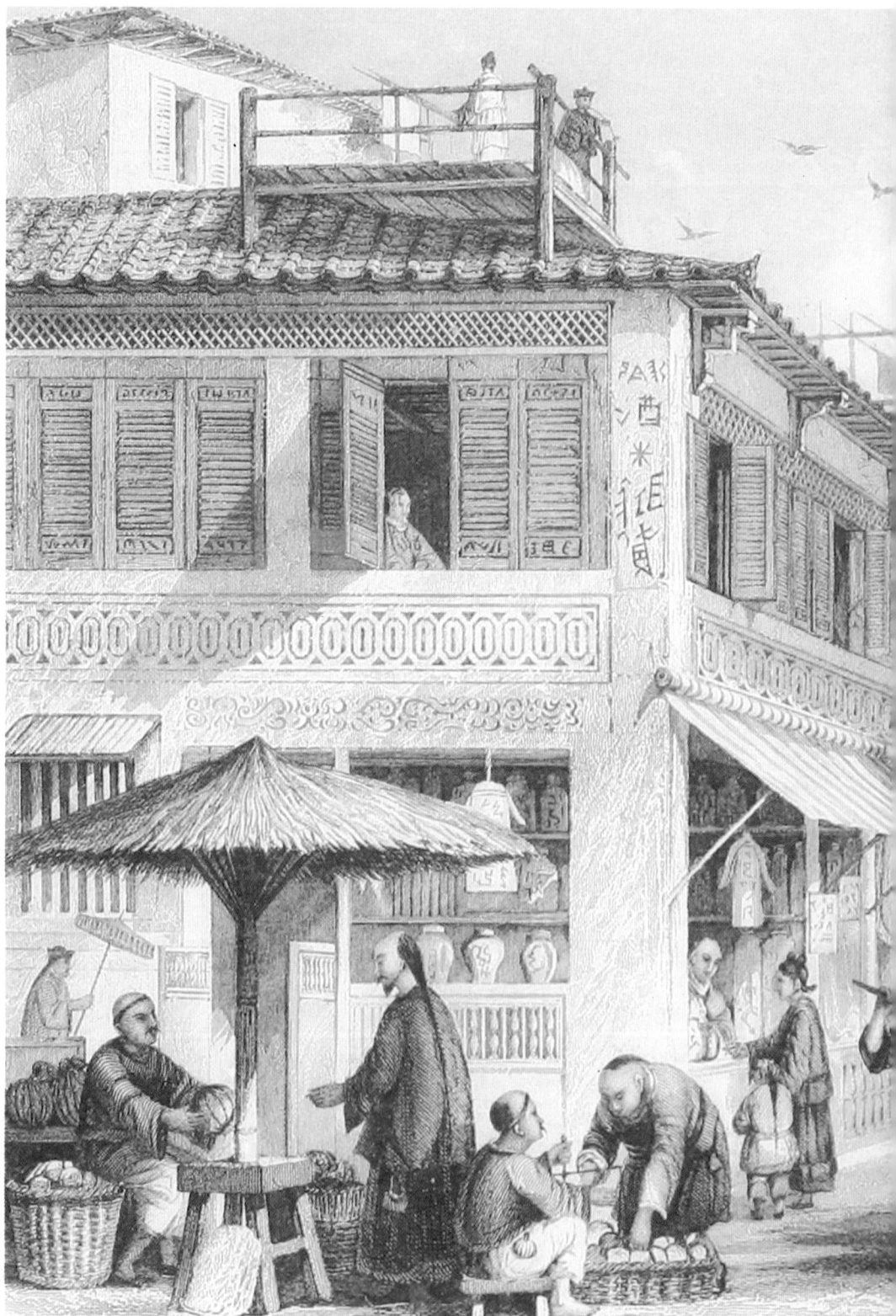

第八十二章

杭州西湖

生与死就是一场游戏，

争夺到最后没有任何价值，

所有人的归宿只是绿色草地上的一座墓碑，

只有你的功绩才会被世人铭记。

在杭州府西边不远的地方有一个湖，以它的面积、湖水的清澈及周围风景的浪漫特性而闻名于世。风景秀丽的湖岸延伸了大约20英里，中间有个地方被岬角打断，另一个地方有一处偏僻的湖湾。平静而清澈的湖面上装饰着两个树木葱茏的小岛，小岛优雅地浮在平静的湖心。西湖的小港湾通过一条宽阔的堤岸与杭州城相连。湖岸总的来说是富饶的，这个迷人的地方把很多有钱人和官员从城里吸引到了这里，从水边到山脚的每一块土地都被巧妙的悬空建筑、别墅、府邸、游乐场和花园占据，或者被用于其他奢华或休闲的服务。像威尼斯的泻湖一样，这里的水面上日夜挤满了各种等级的游船，最豪华的游船后面通常跟着一个准备盛宴的移动厨房。女性被排除在这些享乐活动之外，她们在此类场合的出现被认为是违背了中国男女的大防。多么不幸而乏味的社会状态，两性之间的智力交流遭到禁止！

除了西湖平静的水面上那些花哨的游船带来的满足外，他们还毫无节制地沉湎于餐桌的宴饮之乐；吸烟也为这种享乐助兴，鸦片刺激着那些天性冷漠的人，刺激他们参与到赌博的恶习中。湖岸和缓地向上延伸，周围开满了睡莲，陆地最低的边缘种满了紫色的罂粟；远处，巍然耸立着高大的樟树、乌桕树和香柏树。此地的特产中有一些很好的品种——变色的中东玫瑰、紫丁香花、枸树、刺柏、棉树，以及各种各样的香脂树、苋菜和水生百合。植物王国的这些美丽品种装饰着群山之间那些肥沃富饶的土地；它们与周围的森林树木形成了强烈的反差，给它们增添了额外的价值。很多支流来自山中，在平静的西湖中结束了它们喧闹的生涯。

紧挨着水边码头的湖岸上，停满了马车，装饰着丝绸帷幔、绣花垫子及其他价值不菲的饰物，等候运送游客去岸上的花园。在湖心附近的小岛上，耸立着宽敞的建筑，包括富丽堂皇的房间和华美漂亮的亭阁。

西湖岸边最醒目、最古老、最有趣的就是雷峰塔。它耸立在湖边一个岬角的顶峰上，就建筑风格而言完全不同于中国常见的寺庙或宝塔。从它瘦尖的形状、厚重的结构和古怪的设计来看，丝毫不用怀疑它的古老。当地的权威人士称，它的建造年代与孔子的生活年代相同，迄今已有两千多年。

第八十三章
潘长耀宅邸的园林水榭

在英国，一些古迹的历史不过几百年，很多日常习俗的起源就很难解释清楚：在联合王国的有些地方（苏格兰和爱尔兰），甚至某些建筑，其最初的建造目的完全不为人知，尽管相同种族的居民依然居住在它的周围。因此一点也不奇怪，旅行者没有能力解释中国习俗所涉及的奥秘。我们有无可辩驳的证据表明：中国的每一个社会阶层对待女性都细心而体贴。中国男人在其他情况下都有着粗鲁而残忍的习性，但他们对女人却温柔体贴。我们看到了女性装束的华贵、食物的精细，以及住处的奢华。然而，我们被严肃地告知：在中国，男尊女卑。我想，这一结论当中必定存在某种深刻的误解。

潘长耀的宅邸尽管没有本书插图中所呈现的像其他宅邸那样宏伟华丽，但依然漂亮而优雅，富有想象力，足以证明中国普遍盛行的园林建筑风格，足以显示大家闺秀是如何度过她们的闲暇时光的。这处绿树环绕、浓荫蔽日的房屋多半是这个家庭的避暑胜地；柱廊、阳台、伸出的屋顶和低垂的树枝，抵挡着灼热的阳光，小湖的水面给岩石岸边的游客带来清新的感觉。立柱和回纹饰描金漆彩，小船是人类技艺所能仿造的最奇妙的物件。女士们全身绫罗绸缎，镶金绣银。在民用装饰性建筑中，以及风景园林中，营造距离感始终是一个重要目标。为了达到这一目标，人们引入了一些能够在有限空间内营造远景幻觉的物体。长

先生和女士们，心贴心，
用人和仆人们，手递手，
这是美丽的庭院，
这是世间的奇景。

长的柱廊、过道或游廊是深受人们喜爱的内景，桥、观象台和假山则是颇受青睐的外景。在中国女性的日常消遣中，游湖构成了重要的一部分，从露台到凉亭，穿过漂亮的石桥，再从凉亭到宝塔，就像一次兴致盎然的旅行一样。

潘长耀是福建同安县人，乾隆末年以经营茶叶起家，至嘉庆十五年突飞猛进，营业大盛，跃居为同文行、广利行、怡和行和义和行之后的第五大商行。曾与十三行同业一道捐出自己的房产，创办文澜书院，从而声名鹊起。

第八十四章
江湖郎中

在梦境中我选择离开，
这个世界将不复存在，
但你抚摸我、关心我，
令我马上从黑暗中回来。

如果说文明时代给中国人的生活带来了很多的舒适甚至优雅，那么，它也引入了一种杂质，极大地降低了这种文明的价值。这种降低在于各种各样低劣的感官满足：赌博、吸食鸦片、抽烟，热衷于最低劣的滑稽表演，以及对变戏法者、算命先生和江湖郎中的信赖。这些走街串巷的冒险家最喜欢去的地方之一便是天津。这个地方在商业上十分重要，而且，它的人口就像海洋的潮汐一样时刻处于动荡不安的状态。人流量最大的地方，比如城门口的附近，便是这些拙劣表演通常选择的场地。

所有骗子群体中，江湖郎中是最无赖、最受欢迎的人之一：他们表演的主题吸引每个人的关注，很多人在公开场合谴责他们，而在暗地里购买他们的"灵丹妙药"、听从他们拙劣的治疗方法，从而鼓励他们。他们在人前摆上一张端端正正的长凳或柜台，把自己五花八门的口袋、瓶子、画像、器械和膏药摊放在上面，间或放上一些纸卷，上面用金字写着他"妙手回春"治愈的一些病例，以及患者的姓名。演说技巧，或者更准确地说是口若悬河的能力，构成了中国郎中最主要的特征：他的治疗在很大程度上是通过他的说服力和患者的轻信来实现的。人的肉体所患的疾病，人的体格由于意外或天生而造成的残缺，没有中国郎中不敢下手诊治的。

瘸子、瞎子和聋子通常会聚集在这些江湖骗子的摊位周围，尽管没有任何知识引导他们放心信赖这些江湖郎中妙手回春的能力，但他们的希望乃建立在这些江湖骗子对自己的创造发明所做的巧舌如簧的介绍上，加上他们可宁信其有、不可信其无的偏好，这是弱者、病人和无知者的典型特征。"眼见为实"，中国人无条件地相信这句话，江湖郎中每一次神奇表演的结束，都毫无例外地兜售自己的灵丹妙药，价格十分便宜。

第八十五章
瓜洲水车

他们在危险中没有任何保护，
一不小心便会跌倒摔伤，
幸亏有建筑师的高超技艺，
让一切危险远离。

一些干旱、气候闷热的东方国家想必特别研究过如何轻便地把水从井里或河里提上来，供家庭或农业灌溉使用。早期，雅典人除了水之外没有别的饮料，他们最有名的诗人大声赞美水的价值，但他们当时并没有任何提水的机械发明。而在东方国家的每一口公共水井的井口，都固定着一个提水装置，装满水的木桶通过一根绕在圆筒上的绳索拉上来。在这种粗糙方式之后，接着便出现了高架渠，一些古代大城市似乎在这上面花费了巨大的劳动。在鲁米利亚，灌溉用水借助杠杆原理提升起来，一端吊着木桶，一端用石头平衡，这一方法至今仍为中国人使用。

我们大可不必详细叙述古代政府在给庞大的人口提供充足净水方面的帮助。克劳狄人的高架渠延伸 15 英里，再借助 190 英尺高的拱道引入罗马。此外还有 14 条渡槽，700 座水塔，每幢房子都装配了单独的水管和水槽。在君士坦丁堡的地下，有一座古老的水库，长 360 英尺，宽 180 英尺，覆盖着大理石拱顶，由 336 根柱子支撑。非洲迦太基和西班牙塞哥维亚的渡槽，以及亚历山大城的水塔，都是现存的最令人惊叹的人类文明的纪念碑。所有这些民族，就其提举和传导灌溉用水的方式而言，没有一个民族像中国人那样与埃及人相似。

为了方便分流尼罗河的洪水，埃及人修造了 80 条运河，其中一些运河长达 100 英里，挖掘了 3 个人工湖。这些巨大蓄水池中的水通过一连串的木桶提升起来，越过山丘及其他障碍，这些木桶用链条连起来，通过一个轮子来转动，每个木桶在跨过操作台顶端的时候倒出桶里的水。偶尔也会用牛来拉动这台灌溉机器。中国人所使用的一种方法类似于鲁米利亚地区的人所熟知的那种方法，他们的链泵跟埃及人的木桶原理是一样的。中国人的一项伟大发明是竹水车，更有资格赢得独创性的美誉。巨大的动力装置被固定在一个结实的木架上，提水的时候，便在它的圆框外沿装上承水板。结实的铁棒从圆框内侧沿水平方向伸出，每根铁棒上用铁环吊着一个方水桶，随着水轮的转动上上下下。所有水桶都可能是垂直吊着的，除了浸在水中的那些水桶，以及处在最高点的那只水桶。在木架顶部附近，有一个装置，刚好截住水桶，并使之倾斜，迫使每只水桶依次把桶里的水倒进水槽。在水桶与水槽接触的那一侧装有弹簧，以减缓震动，并使倾倒更有效率。

中国人的水车在原理和作用上类似于波斯人的水车，但大都是用竹子做成的：大直径的短竹筒，一端封住，隔着相等的距离固定在水轮的外框上。竹筒不完全是水平的，而是有一定的角度，好让它们浸入水中装水，在旋转一半的过程中装满，然后流入水槽中。这样的水车在瓜洲的平坦地区普遍盛行，赣江的一些支流在流入鄱阳湖之前从这一地区穿过。在那里，一眼望去，有 100 台水车同时工作，每台水车 24 小时就能提起 300 吨水。

图中所描绘的瓜洲，并非扬州府那个著名的渡口，而是江西省新建县境内的某个地方。征诸文献，已不可考。

到过中国旅行的最精明的欧洲人大概也不可能完全掌握这个民族的礼仪。偶像崇拜在这个国家一直盛行，仅此一点，就足以解释随后连续出现的大量荒唐事情。因此，当我们获准进入大殿、寺庙和公共场所的时候，几乎每一步都能遇到令人惊奇的新鲜事物。在他们的生活方式中，我们几乎都能追踪到与其他古老王国相似的地方。

在跟死者亡灵有关的那些异常混乱的仪式中，我们追踪到了古希腊的一些祭献仪式。希腊人认为，为了给活着的冒险家打开冥府的大门，这些仪式是必不可少的。

中国人祭奠亡灵的仪式与拉丁人埋葬肉身仪式（这一仪式使得非肉身部分被允许渡过冥河）之间的差异很少。不过，在中国人的仪式中，包含了更自私的东西，而不仅仅是为死去的亲人获得通往福地的通行证。他们害怕死者以鬼魂的形式重现人间，来恐吓（即便不是报复）活着的人。中国人安抚亡灵的祭奠仪式与古希腊罗马人的神话之间的联系比人们所认为的更明显。

前者据说源于这样一个传说：一位中国王子为了救母而下到阎王的领地，把母亲重新带回人间。在完成任务后，他向同胞讲述了另一个世界里善人享受的幸福和恶人受到的惩罚，并下令举行祭奠，以安抚死去亲人的亡灵。在这里，我们追踪到了俄耳甫斯为救欧律狄刻下冥府、埃涅阿斯请教安喀塞斯、尤利西斯询问提瑞西阿斯的神话传说。探访冥府的王子在七月初一回到人间，为纪念这一事件，人们在专门的祭坛前举行祭奠仪式，以转移鬼魂的愤怒，或者影响阎王对信徒的偏袒。为此人们建造了一座临时庙宇，墙上挂着一些设计糟糕、绘制粗劣的画，描绘恶人在阎王殿里遭受的种种折磨。恶神的雕像立于周围，帮助营造恐怖氛围。和尚们主持仪式，指导祈祷的姿势，以及可以在祭坛前提出的古怪请求。僧人接下来的职责就是吟诵经文，安抚亡灵。在这样庄严的仪式结束后，衣服被扔进立在庙中的火炉里，供奉的食物则进了和尚的肚皮，香客们吵吵嚷嚷地各自回家。

各色人等带来各色物品，
只是为了已经死去的国王。

第八十七章

白 云 泉

那影子是不会消失的，

就像地球上永远都有神童。

唐代诗人白居易曾经用中国人特有的夸张手法，颂扬白云泉的宜人气候和精致细腻的自然美："天平山上白云泉，云自无心水自闲。何必奔冲山下去，更添波浪向人间。"尽管白云泉距苏州城20英里，但这里经常成为苏州人游乐集会的场所，也是抒情诗人最喜欢的吟诵主题。不管是作为旅行指南、游记，还是作为一般意义上的地形学著作，中国作者写过大量文献，谈到了白云泉所在的太平山的矿产和植物。还有很多著作，谈到其迷人的魅力：幽深的峡谷，巨大的瀑布，高高的山峰。苏州城在强烈东风中所受到的庇护，要归功于白云泉的雄伟高地，和那些拔地而起的陡峭崖壁，它们像城垛一样保护着当地的居民。

原题作"寒泉"，在中国古诗词中，"寒泉"是一个十分常见的统称，并非特指，从原文中所引白居易的诗来看，此处当为白云泉。白云泉位于苏州天平山，据说"茶圣"陆羽评此泉为"吴中第一水"，其石刻"白云泉"三字，相传为白居易所题。归庄《观梅日记》称其"池馆亭台之胜，甲于吴中，每三春时，冶郎游女，画舫鳞集于河干，篮舆鱼贯于陌上，举步游目，应接不暇"。范仲淹《天平山白云泉》云："灵泉在天半，狂波不能侵。神蛟穴其中，渴虎不敢临。隐照涵秋碧，泓然一勺深。游润腾云飞，散作三日霖。"可见其当年风貌。

第八十八章

端午节赛龙舟

哦，我要穿上那双鞋，

只要速度快，

就是胜利。

据说，中国的命运由四种超自然动物守护：麒麟、玄武、凤凰和龙。麒麟掌管文字，圣贤出生的时候可以看到它；玄武掌管美德，在人们普遍讲道德或天下太平时出现；凤凰掌管占卜；龙代表权力。最后这种非同寻常的瑞兽还是中国的民族象征，它被绣在国旗上，被附在令状、谕旨、文书及皇帝的所有用具或徽章上。除了拥有权力之外，龙还负责掌管四季更替，天体运行。日食和月食一直被认为是它的饥饿使然，饥饿导致它吞掉太阳和月亮，让整个帝国暗无天日。人们举行龙舟赛，就是为了平息它的愤怒，把它的注意力转移开；龙舟赛于每年的农历五月初五举行。

比赛用的龙舟十分狭窄，但长度足以容纳五六十支桨，是专门为龙舟赛建造的，船头的形状是龙的形象。当龙舟划破水面、飞速前行时，观众振臂呐喊，两岸鼓乐齐鸣，给桨手打气鼓劲。龙舟的中间放着一面大鼓，三个壮实的鼓手拼命击打；同时，旁边的杂耍艺人不停地进行着表演，伴着大鼓的节奏，手舞足蹈，仰天咆哮。有两个人站在船头的小甲板上，拿着长长的尖头戟；他们的专职就是高声呐喊，气势汹汹地挥舞手里的武器。

对水手来说，海鸥带来的危险比看不见的龙更令人忧惧，但中国的水手时刻保持警惕，担心海鸥从藏身之地猛然一跃而起，扑向毫无防备的受害者。中国人的矛盾在龙舟赛中表现得格外显著，因为，在其他时间，他们都认为龙拥有权力，而在五月初五这天，却要把它压制住，或者把它吓跑。

龙尽管被视为善的化身而受到人们的膜拜，但人们也卑躬屈膝地害怕龙，就像害怕恶魔一样。为此，人们才相信它在某些时候把自己藏在河里，或藏在河岸之下。

九月重阳，

为登高会，

童子竞放风筝，

如鸢，如宝幢，如八卦河洛图。

充满童趣是中国人一切运动和节庆活动的显著特征，斗蟋蟀、斗鸡、踢毽子、猜单双游戏，盛行于帝国的各个行省。除了这些非常古老而充满童趣的爱好之外，还有一项深受喜爱的娱乐活动：放风筝。

喜爱戏法，心灵手巧，喜欢在各种场合展示自身的柔韧性——放风筝的人努力把这些品质糅合进这项娱乐活动中。竹子因为轻巧和韧性而特别适合做风筝的骨架。有一种纸，是用乱丝或丝的废料做成的，既结实又轻盈，特别适合覆盖在风筝的骨架上。中国人在各种技艺上心灵手巧，在风筝制作上当然超群出众。他们用最富于幻想的装饰图案来装饰风筝，风筝的形状则是模仿动物。鹰、猫头鹰及整个鸟类王国为风筝的制作提供了原始样本。当风筝带着展开的翅膀、彩绘的羽毛和透明物质做成的眼睛飞上高空时，它们以最逼真的形象呈现在大家面前。

每年的农历九月初九为这一娱乐活动的特定节日，在这种欢乐的场合下，孩子和大人尽情享受放风筝的乐趣。

第九十章
船行过水闸

看，这就是机械的力量，
被有创造力的聪明人使用，
你是世界上最伟大的作品，
其实都来自双手的奉献。

不管科学人士或旅行的文人墨客如何贬低大运河的价值，它都是人力劳动现存的最引人注目的工程之一。它不是借助隧道来穿山过岭，也不是通过高架渠来跨过深壑大谷，而是借助大自然提供的便利，穿越大半个中国，它的宽度和深度，世界上没有任何静水航行尝试过。在某些地方，它的表面宽度达 1000 英尺，没有小于 200 英尺的地方。在穿越低平面的时候，它是通过大理石或花岗岩砌成的河堤实现的。河堤把水围起来，水流速度通常为每小时 3 英里，水量充足。

如果运河要实现一段距离较长的提升，便要降低较高的部分，抬升较低的部分，把整体降到所需要的平面。大运河从高地下降到低地是借助于拉长的台架或平面，像台阶一样一级接一级下降，落差从 6～10 英尺不等。这些闸门借助安装在侧壁柱凹槽中的一级级厚木板，把水保持在较高平面，两个结实的桥墩围住倾斜的平面，它的升降使船只得以通过。桥墩上建有强力绞盘，众人协力，通过杠杆使之运转，借助人

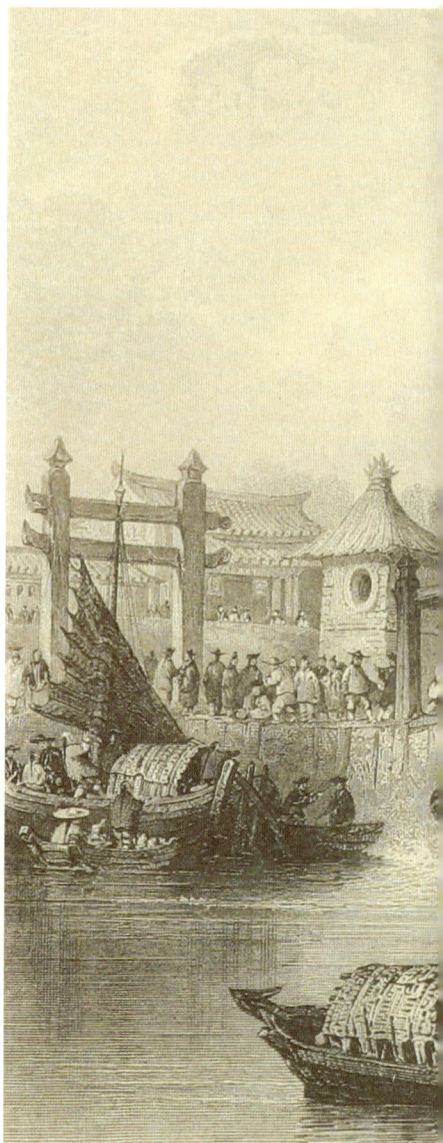

力和机械力的组合，在运河上航行的满载货物的船只得以抬升或下降。

　　在引导船只通过闸门，同时通过一个倾斜四十五度的平面时需要相当的技巧：一名舵手拿着一支笨重的船桨，立在船艄，而船工们则站在桥墩上，放下用兽皮做成的护垫，使之在快速运送的过程中不至于因碰撞侧壁而造成损害。每一艘装载货物的船只都要缴纳一定的通行费，用于维护这座活动的堤坝，以及支付管理人员薪水。

高贵的山涧溪流，

从地面爆发出强烈的燥意，

在它的光芒中闪着荣耀，

声音震耳欲聋。

鼎湖不仅是一片宽敞的区域，而且号称"中国第二潭"，无论就其表面范围，还是就其水深而言，都是如此。它被一个风景秀丽的区域所环绕，至于这片土地给当地居民带来的丰饶物产就不用说了。这一地区数不清的湖泊提供了种类繁多的鱼类；河沙里发现了冲积砂金、铁、锡、铜及其他矿石，在周围的群山里，还能获得画家使用的青金石和绿岩。

不管什么地方，只要崖壁中存在土壤，高大的松树就会扎根生长，由于这里气候温和湿润，植物的生长十分迅速，以至于这一地区为公共建筑提供的松树木材比其他中部省份都要多。河谷中能看到橘树、柠檬树和香橼树，深色的雪松装饰着阳光明媚的山脊，保存在山上的林木养育着大群野鹿。用毛竹做成的纸，以及野蜂提供的蜂蜡，构成了这一地区最主要的制造品。

鼎湖山，又名顶湖山，位于肇庆府高要县境内。《广东通志》卷一百七载："顶湖山在县东北四十里，高千余仞，周百里，为一方巨镇。道书以为第十七福地，旧经云，上有湖，四时不竭。其山产茜草，山半有白云古刹，绕寺产佳茗。"成鹫《鼎湖山志》云："是山也，绝顶有湖，巨鳞潜焉，天将雨，湖先出云。"故曰顶湖。又云："鼎湖中峰圆秀，两山角在左右，山麓诸峰三岐，别山望之，若鼎峙焉，谷中有湖，鼎之实也。"故曰鼎湖。

第九十二章
茶叶的栽培与制作

在遥远的国门以外，
有个神秘的地方，
那里没有葡萄藤的故事[1]，
取而代之的是茶叶的故乡。

---

[1] 指《圣经》中耶稣所说的"葡萄藤"的故事。——编者注

我们不能确定，茶叶种植究竟起源于哪个国家，欧洲的植物学家对茶树的认识也没有准确到能够恰当分类的程度。不过，就其植物学特征而言，山茶十分类似于茶树，以至于如今人们普遍认为它属于这一类——然而，山茶的花和叶要小很多。这种亚洲植物在别的地方不为人知，它在不同的土壤和气候条件下会不会正常生长，都值得怀疑。但我们可以十分有把握地说，从最遥远的古代起，茶叶就是中国中部省份最受欢迎的产品之一。

大概有两种植物，中国人称之为茶，绿茶和红茶。长期以来，人们认为，绿茶仅采摘自某一特定区域的茶叶种植区，但这个结论并没有足够的证据，这一观念似乎源于中国的两大茶叶产区。江南省的一片宽阔地带（北纬 29°～31° 之间）通常盛产绿茶，而红茶产区处于更低的纬度，绵延于福建和江西之间的群山脚下。整个茶叶产区的范围处于北纬 27°～31° 之间。然而，我们千万不要认为茶叶种植局限于这些省份，就得出这样的结论：它没有（或者不可能）扩大到其他省份；也不要根据绿茶产于纬度较高的地区，而得出它在纬度较低的地区不可能生长的结论。也许是因为我们经常发现，特定产品产于特定地区，很少迁往这些特定地区以外。

此外，关于中国茶叶的栽培，更真实的情况是：大多数省份都种植茶叶，甚至包括与蒙古接壤的那些北方省份。这些地方的茶叶仅为国内消费而采摘，而绿茶和红茶产区的产品用于出口。

对不同茶叶作出区分据说源自广州的商人。红茶包括武夷茶、工夫茶、马黛茶、小种茶、包种茶、花白毫和橙白毫；绿茶有屯溪茶、皮茶、雨茶、熙春茶、御茶和珠茶。除了御茶之外，这些茶的名称在中国完全不为人知。在山东，有一种上等茶叶在市场上销售，是从该省山区特有的一种苔藓中获得的。欧洲旅行者经常看到蕨类植物在鄱阳湖边的南昌府被拿来卖，在那里，用这种植物冲泡的饮品非常受欢迎。

将茶叶彻底晾干，

然后即可装船。

在福建九龙江的一条支流上，有一个浪漫、富庶又引人注目的地方，是茶叶代理商经常出入之地，也是这一地区的茶叶输往广州及其他市场的主要运装地。这里的山川河谷有利于茶树的生长，欧洲人在这个地方仔细检查过茶树本身，研究过它的特性，比在其他任何地方更细致和审慎。茶农与茶商之间存在一个十分明显的区别，这就是，前者极其小心地按照各自的品质把采摘的茶叶分开，然后在家里或附近的市场把茶叶卖给茶商；后者则把买来的茶叶运到自家的作坊，每堆取一定的数量，按照比例把它们混在一起，生产出他希望的特定品级的茶叶。因此，茶农是分选者，而茶商是混合者。栽种、培养、采集、干燥、分拣和混合等工序完成以后，剩下的唯一工序就是打包装箱，茶叶要被压得结结实实，以这种简便的方式把它们堆放在平底船的甲板上，运往广州或澳门。

明亮的天空如同镜子一般光洁，

但镜子上如果有黑影飘过呢？

地上的牧羊人一定会说，

快要下雨了，快回家吧。

在镇江金山附近，有几条支流汇入长江，通过它们的作用，使得这条大江的河道处有了一个被陆地包围的河湾。当地的航行者充分认识到了这一优势，不仅把这一大片水域用作船只的停泊处，而且也把它作为货船的中转站，运往远方的货物在这里换船，然后返航。这里风景优美，曾是王公贵族喜爱的休养地。然而，这里跟风景无关、跟贸易转口港无关，这里却跟帝国的安全息息相关。

要抵挡敌人舰队的前进，这里是关键之处：它是长江的咽喉，只要有几艘强大的战舰停泊在这里，就能有效地封锁经由运河前往北京的通道，经由长江进入南京的通道。清政府一直奉行和平的政策，迄今为止尚未觉得有必要给长江的这一通道设防。一处码头升起在基桩上，给载货的平底船充当了装卸货物的登陆点；储存货物的仓库就耸立在江边。一块高高的岩石像一个截头锥体一样耸起，庇护着这个小港口的官方所在地，岩石破碎成了生动有趣的形状，大块的苔藓覆盖着它深深的裂缝，松树茂密的叶子碧波荡漾，把它装点得格外漂亮。岩石顶部有一排白房子，有点像满族人的神殿。一支军队驻守在那里，守卫着周边地区的城市和长江。一条小道像钟楼的螺旋式楼梯一样盘旋而上，但它的实际长度却相当可观，除了居住在城里的人，这条小道很少遇见其他人。

岩石的表面既宽敞又肥沃，足以给居住在上面的人提供水果和蔬菜。这里松柏茂盛，多到足以为它抵挡寒风。在朝向背面崖壁最高点，整个镇江城一览无余，尽收眼底。再往上一点，长江江面扩大到了 2 英里，可以看到它蜿蜒曲折地穿过大片土地。正中间是金山岛，优雅地从银色的水面升起，金山岛上覆盖着茂密的植被，宝塔和寺庙掩映其中，正对面是大运河流入镇江湾的河口。有一条山链，由花岗岩组成，沿着长江北岸向前延伸，目之所及，江山如画。

第九十五章
英德县煤矿

我们的煤矿，
对我们没有恶意。

在中国，尽管煤炭资源十分丰富，但其他地区也达不到梅岭山区那样普遍的程度，北河便发源于这片巨大的山链，在岩石之间夺路而出。当地人的勤劳展现在挖煤和装运的过程中，这些煤将运往下游地区，那里到处都建有瓷窑。产煤地区通常呈现荒凉、粗野的样子，英德县的矿区同样如此。这里曾松林密布，矿工砍伐了大河两岸的森林，除了矿工的棚屋和矿主代理人的住所之外，很少有地方给这里增添些许人间烟火。

为了获取或者说至少为了工作，众多的人聚集在这里，在悬崖顶上简陋的茅舍里安家，有时甚至住在地下。没有机器的帮助，当煤井的深度越往前推进开采就变得越困难，或者当煤坑里充满积水的时候，就无法用升降机帮助他们把煤抬升到地面。这样一来，最主要、最赚钱的作业方式，便是把横向坑道推进到高悬于大江之上的那块岩石的前方。以这种方式，积水很容易排出，入口和出口很容易实现，煤可以直接从坑口卸到驳船上。始终有一队舢板船聚集在悬崖之下，等待它们装船；有些舢板船就在坑道入口的正下方，有些则停泊在一长段阶梯的脚下。搬运工似乎整日不停地在阶梯上移动，那段阶梯在岩石中开辟出来，付出了巨大的劳力。肩上一根扁担，挑着两个箩筐，似乎就是这里唯一的辅助手段了。中国发现了化石煤、烟煤和石煤，不过最常见的似乎是最后一种。早在马可·波罗时代，这种颇有价值的矿产就已经为中国人所熟知，但他们似乎至今也没有把煤应用于制造业。

马可·波罗说："这里发现了一种黑色的石头，是他们从山里挖出来的，点着后像木炭一样燃烧，但它的火焰比木柴更持久：夜里保存下来的煤火，早晨还在燃烧。"

第九十六章
接春仪式

来吧，温柔的春天，

空灵的风，

这是来自春日的气息。

在中国，全国性的娱乐活动都跟假冒的神（或者说实际上就是迷信）有关；中国人相信，尘世间的每一件大事都归因于天体的运行——茫茫苍穹中的某些现象，宇宙统治中的某个周期性变化。他们并不熟悉行星轨道的真正形态，更多的只是关注太阳和月亮的运行，热衷于在节庆活动中向日月致敬。

二月份，当太阳第十五次出现在宝瓶星座，月亮第二次出现的时候，人们便组成游行队列，到外面迎接正在到来的春天，这已成为习俗。然而，在节日到来之前，那些虔诚的人会到佛寺、道观、孔庙或者供奉古代名人的神庙里磕头烧香。那些不太热衷于这类活动的人则利用节日的闲暇，走访外地的亲朋好友，或者去自己喜欢的娱乐场所聚会。然而，第三类人结合了狂欢和宗教这两项活动，把他们的闲暇时间专门用于这个即将到来季节的欢庆上。有10天的时间被专门用于这一仪式，每一天都有不同的祭拜对象，以此作为区别。鸡鸭鱼肉，狗马牛羊，大米豌豆，五谷麻桑，构成了连续不断的游行队伍和祭拜队列供奉的祭品。所有盛装游行的人都装饰着丝带或花环，有些人手里拿着乐器，锣、鼓、号角之类；另一些人举着旗子、灯笼、纸扎的菠萝或其他水果。纸扎的男孩穿得半人半兽，坐在田园风格的祭坛上，用轿子抬着。另外的台子上坐着一些纸扎的女孩，穿得像花神，手持茶花，作为茶树的象征；茶叶的效用和茶花的美丽旨在表达女性的特征。在这些轿舆、彩旗和灯笼之间，有一头用黏土做成的巨大耕牛，由很多身体强壮的人抬着，他们个个身着春天的色彩。一个游行队列中经常有一百个台子或轿舆，抬着纸扎的童男童女，以及泥塑的耕牛或人面神的塑像。到达指定寺庙的门口，前一天就在那里等候的知府便走上前来，以迎春主祭的身份欢迎他们。他是本地临时最高的官员，在这10天的掌权期内，就是他的上司遇到他，也要服从他的领导。他穿着华丽，立于锦绣华盖之下，宣读一篇赞颂春天、劝告农事的文章；然后，用一根鞭子抽打耕牛塑像三次，宣告耕田劳作的开始。

第九十七章
虎丘的行宫

这是一片自然形成的山峰，

绿色山谷中吹着狂风，

这里充满了爱情故事与巫师的魔法，

但它们都已成为故事，让人们继续讲述。

朱庇特偶尔会从奥林匹斯山来到人间，到世人的家里做客；塔尔塔罗斯地狱之王也会从他阴森的大殿里浮现人间，造访刻瑞斯女王的宫殿；然而，除了皇宫之外，"天朝帝国"的君主从不肯屈尊走进任何地方。无论是他忍辱负重的官员，还是他饱受奴役的臣民，他们的私人宅邸或公共客栈都不曾迎候皇帝的亲临。当朝廷出于享乐或政策的目的而出行的时候，皇帝及随行人员会暂住在特意为接待他们而建造的行宫里。这些行宫沿着连接帝国主要城市的干道修建，其中一些行宫在奢华程度上丝毫不逊于北京城的宫殿和花园。

江南是一个美丽而富饶的行省，有着千变万化的季节、肥沃的土壤和优美的风景，皇帝的虎丘行宫便位于这片阳光明媚的山峦之间，距苏州府西北大约9里。苏州是江南省的第二大城市，也是中国最著名的城市之一。虎丘山从平坦的乡村地带拔地而起，也被称作海涌峰，是苏州府最有名的地标之一。其最高峰上有剑池，旁边是千人石。据传，吴王阖闾葬于此，安葬三天后，人们看到一头白虎立于他的坟墓之上，在那里待了好久。此后数年，白虎定期造访此地，虎丘因此而得名。据说，秦始皇曾想毁掉吴王墓，白虎及时现身，秦始皇才不敢贸然行动。

由于虎丘山的神圣和历史，再加上它优美的自然风光，东晋时期的王珣和王珉兄弟在虎丘山乱石嶙峋的峡谷中建造了乡野别墅；许多人来到这里隐居修行，建造佛寺，其中最著名的有尹和靖的三畏斋，以及纪念五位古代名人（唐朝三位、宋朝两位）的"五贤祠"。

虎丘山在苏州城西北"七里山塘"的尽头，《越绝书》载："阖庐冢在阊门外，名虎丘。"又云："筑三日而白虎居上，故号为虎丘。"袁宏道《虎丘记》云："虎丘去城可七八里，其山无高岩邃壑，独以近城故，箫鼓楼船，无日无之。凡月之夜，花之晨，雪之夕，游人往来，纷错如织。"又云："从千人石上至山门，栉比如鳞，檀板丘积，樽罍云泻，远而望之，如雁落平沙，霞铺江上。"王禹偁《游虎丘》云："藓墙围著碧屏颜，曾是当年海涌山。尽把好峰藏寺里，不教幽境落人间。剑池草色经冬在，石座苔花自古斑。珍重晋朝吾祖宅，一回来此便忘还。"文征明《虎丘》云："云岩四月野棠开，无数清阴覆绿苔。兴到不嫌山近郭，春归聊与客登台。芳坟谁识真娘在，水品曾遭陆羽来。满地碧烟风自散，月明徐棹酒船回。"

第九十八章
承德小布达拉宫

异教徒们的巨大神庙，

可怕的信仰与奇怪的神像，

那些坚固的墙壁背后，

有着什么，只有异教徒才会知道。

清国皇帝是满族血统，依然保持着满族人的习性。本民族的语言并没有被弃之不用，在满人城的界墙之内，旗人特别受优待，每年夏天都可以看到皇室迁往热河避暑的盛况。路途遥远，旅途劳累，沿途众多的行宫为他们提供了舒适的住处。有两个目的要求皇帝每年探访祖地——巡视领土、抚慰王爷贝勒。在履行这两项职责之余，皇帝把自己的一部分闲暇时间用于打猎，剩下的时间便在寺庙里念诵经文，祭神拜佛。 皇帝的宫殿和林园位于一条大河岸边的峡谷里，紧挨着小城热河，高耸而崎岖的山峦俯瞰着这座雄伟的宫殿，在皇帝驻跸的时节，这里呈现出壮观、宜人的风景。皇帝在旗兵禁卫军的簇拥下，进入小布达拉宫，而他的随从偶尔会留在宫门之外。小布达拉宫是这个地区最宽敞、最著名、最富有的寺庙，包括一座大殿和几座小殿，外观朴素。这里的很多建筑呈方形，长 200 英尺，其总体特征和设计完全不像中国的其他寺庙或建筑。正面的 11 排窗户清楚地显示出这栋建筑有 11 层高，从皇家林园的高地上望去，很多矮一些的建筑鳞次栉比。金色的殿堂占据着主建筑群的四边。在这座殿堂的中央，是金色栅栏围起来的祭台，祭台上有 3 个装饰华丽的祭坛，支撑着佛祖的塑像。在殿堂尽头阴暗的壁龛里，一盏孤灯光影朦胧，它是一种象征，象征着永生不朽（如果它长明不熄的话），或象征着人生短暂、生死无常（如果它熄灭的话），庙里的僧人并没有详细解释这一点，如果这盏灯熄灭则被归咎于他们的懈怠。这个华丽但并不那么好看的建筑群里所信奉的宗教不过是道家学说的改头换面，它的观念也是从藏传佛教的喇嘛那里借来的。

当访客从金堂走过的时候，他有机会看到小布达拉宫的 800 喇嘛。有些喇嘛盘腿而坐，在忙着读写经文，有些喇嘛偶尔吟诵，声音庄重而低沉。喇嘛的衣着简朴而得体，他们的脖子上挂着念珠，诵经时用手拨动念珠。庙里举行法事的时候,他们绕着祭坛,列队而行,每念一句"阿弥陀佛"便低一下头,数一下念珠。当整串念珠数完的时候,他们便用笔作一个标记,作为他们对金塑佛像诵经次数的证据。

这种宗教是清政府支持或保护的唯一宗教,所有宗教团体都被允许行使不受限制的特权。僧人像政府机构的雇员一样领取薪俸,清政府要求官员一律信奉这一宗教。

小布达拉宫即承德普陀宗乘之庙,乾隆皇帝《御制普陀宗乘之庙碑记》云:"山庄迤北,普陀宗乘之庙之建,仿西藏,非仿南海也。"又云:"以乾隆三十二年三月经始,至三十六年八月讫工。广殿重台,穹亭翼庑……莫不严净如制。"

221

第九十九章
广州西樵山

魔法师的骏马、迷人的彩灯，
以及正在被魔杖制造出来的翅膀，
它们扶摇直上，冲向天空，
在风中悠扬地歌唱。

在广州城以西大约 100 英里的地方，有一片群山拔地而起，它所占据的面积，以及突兀山峰的数量，特别引人注意。这里长年云雾缭绕，是众多河流的源头，对适宜航行、丰饶富庶的西江也有贡献。这片怪石嶙峋、风景秀丽的地区，被众多旅行者和说书艺人称赞，但浪漫的民间传说并不是这个地方唯一的、最大的财富。还有一些通过技艺或勤奋而获得的财富——"黄金、宝石、丝绸、珍珠、沉香木、锡、水银、糖、铜、铁、钢、硝石、乌檀木，以及大量的香木"。这些财富，加上沉睡在群山周围的富庶平原的物产，使得广东成为帝国最富庶、最商业化、最开明的省份。

西樵山的形状类似于"游龙"，蜿蜒曲折，周长至少有 40 里。它的周围，大自然的力量划出

了四道又深又宽的沟壑，分别称作简村、沙头、龙津和金瓯。从西樵山的顶峰开始，72座醒目的山峰连绵起伏。像一座要塞的瞭望塔围绕着中心塔楼，又像百合花的花瓣环绕着花蕊，这些山峰围出了一片巨大而富饶的盆地：云谷。从东边吹来的风被大科峰、碧云峰、紫云峰和黄云峰拦截，这四座山峰形成了一道天然屏障，即便是在这个"风的王国"。西北面，最引人注目的便是白山峰、太尉峰、翠云峰和狮子峰。这些山峰层峦叠嶂，从"百合花盅"逐级上升，然后再次从顶端逐级下降，一直降至大河的堤岸边。这条大河平缓地从山脚下流过，流向澳门城。

在给西樵山居民带来生活必需品、幸福和财富的众多职业中，捕鱼是悠久的行当之一。中国人不满足于引竿垂钓、愿者上钩的乏味过程，他们普遍使用更加可靠的细密渔网。平底船被用于这种作业，船上配备了两根粗竹竿，一端被牢牢地系在一起，一张网被交叉的箍做成的悬挂框架撑开。这个装置的操纵者能按照自己的意愿抬升，使网沉入水中；在等待一段时间，鱼儿被饵料吸引过来之后，把系住的那一端向上拉，使网抬升到水面之上。船艉的助手已经准备就绪，随时捞起网里的鱼。这种方式与香港岛沿岸渔民所使用的方法基本一致。

西樵山在南海县境内。阮元《广东通志》卷一百载："西樵山在县西南一百二十里。……高耸千仞，势若游龙，周回四十里，盘踞简村、沙头、龙津、金瓯四堡之间。峰峦七十有二，互相联属，面皆内向，若莲花擎空，上多平陆，有民居焉。"光绪五年刊《广州府志》卷十载："西樵山南海之望，县西南一百二十里。奇秀峭拔，挹云霄而上之，望若青莲之花，而四面方立，立皆内向，诸峰大小相联属，皆隐于削成之中，又若芙蕖之未开然者。"陈恭尹《西樵泉石记》云："西樵其方十里，其峰七十二，东西南北，一日可尽。凡山知名而小者，莫西樵若也。然而在处皆水，丽于水而有岩洞崖壁可观者，得二三十所。山小而富泉石者，亦莫西樵若也。"

第一百章
七星岩

看，有七块石头正从大地上升起，

它们被摆成猎户座的样子，

这就是大自然的纪念碑，

用天堂的流星造就的自然奇迹。

在占据着广东西部七十二峰的所有富于浪漫情调的地区，"七星岩"是最不寻常的，也最能体现该地区风景和农业习惯。其地质构造会给漫不经心的观察者留下深刻印象，凹凸不平、千变万化的形状能让最富想象力的人大饱眼福。广东境内没有一处地方像这里，对中国南方人的农事活动给出如此广泛而全面的例证。根据时间的推测，如今位于这些孤岩之间的低地当年很可能在海水之下，土壤的冲积特征支持了这一观点。这些彼此分开的山体，每隔一段距离就突兀地拔地而起，山体由次生石灰岩构成，要么因为风霜雪雨的剥蚀，要么因为之前历经海浪的冲刷，都磨损成了奇异怪诞、布满洞穴的形状。远处耸立着五峰山，高达 5000 英尺，由花岗岩构成。

七星岩是平原上拔地而起的圆锥形群山，因为它们的美丽和雄伟而在中国人中广为颂扬。从五峰山开始，一条瀑布奔腾而下，远远望去，就像一道巨大的幕帘，水流到达瀑底时发出的声音，数里之外，清晰可闻。这道秀丽如画的水流，位于一片圆形的凹地，被四座高山环绕，从山脚至山峰，植被茂盛，苍翠馥郁。图中所传达的内容，并没有局限于对风景的描绘，还包括对当地人农事活动的有趣呈现。画面中明显对葫芦的栽培给予了极大关注，葫芦藤在棚架上攀爬缠绕，棚架由一些大约 7 英尺高的粗糙柱桩支撑，栽培者可以轻易摘到葫芦的果实。这种植物深受中国人的喜爱，嫩果可以作为蔬菜，摘取之后与米、肉一起放在醋中煮，成为一道甜食。葫芦在家里的作用并不止于此，葫芦成熟后通常被用作点心盘，或充当水瓢。葫芦还有另外一些用途，虽说不那么有价值，但同样巧妙，比如在捕捉水鸟时用来伪装捕鸟者的头部。在葫芦架的远方，可以看到农人们正在水田里忙活，更远的地方是珠江的两条支流，河水满足了运输和灌溉的双重目的。

光绪二年刊《肇庆府志》卷二载："七星岩连属嵩台七岩，列峙如北斗状。一曰石室岩，即今所呼大岩也。一曰屏风岩，在石室东半里。一曰闻风岩，在屏风东半里。一曰天柱岩，在石室西半里。一曰蟾蜍岩，在石室西一里。一曰仙掌岩，在石室西二里。一曰阿坡岩，在石室西北二里。"杭世骏诗云："紫微宫中七个星，上四下三如斗形。几时相率半天去，随风飘坠来南溟。"

金山岛是镇江边上的一座美丽岛屿，它位于扬子江的正中间。这座小岛，优雅地从银色的水面升起，上面覆盖着茂密的植被，宝塔和寺庙掩映其中，正对面是大运河流入镇江湾的河口。有一条山链，由花岗岩组成，沿着长江北岸向前延伸，目之所及，江山如画。

顾祖禹《读史方舆纪要》卷二十五载："金山，府西北七里大江中。风涛环绕，势欲飞动，一名浮玉山，一名互父山。又名获苻山，相传晋破苻坚，献俘山下，因名。亦名伏牛山，《唐志》：贡伏牛山铜器，谓此。亦名头陀岩。……其顶曰金鳌峰、妙高峰，有浮图冠其上。汪藻所云揽数州之秀于俯仰之间者也。其岩洞泉石，类多名胜。"

第一百零二章
从鼓浪屿远眺厦门

用各种颜色铺满陡峭的山坡，

到处闪耀着琉璃般的光芒，

大自然在这里创造了又一个奇迹，

数千年的艰辛最终在这里完成。

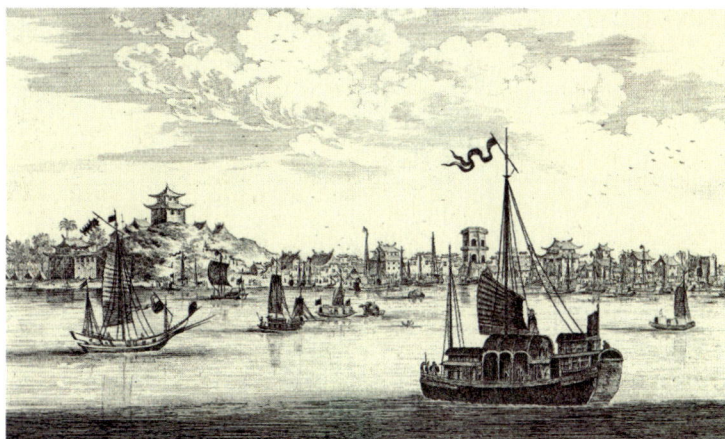

尽管长期以来英国人被排除在与这个风景如画的港口的交往之外，但他们早已习惯与当地市民之间的商业友谊。早在外国人被限制在广州从事贸易之前，这里就存在着活跃的商业活动；因为英国军队的干涉而开放的五个自由港当中，最真诚欢迎外国人到来的，莫过于厦门。一座富饶、修筑了防御工事的小岛抵挡着来自东边的海风和海浪，使得内海湾风平浪静、安全可靠。这处令人惬意的地方被当地人称为鼓浪屿，但它并不能保护港内的船只免遭海盗的劫掠。漫漫长夜，"红炮"刺耳的声音沿着水面发出低沉的隆隆声，告诉停泊在海湾平底船上的船员们做好准备，抵御突如其来的侵犯；甚至当英国战舰停泊在近海的时候，这样的声音同样响起。

　　我们能想象到的最愉快、最活泼、最生动的景象，莫过于从鼓浪屿高地眺望这个巨大的商业港口。深水河道里挤满了平底船，它们就在观察者的脚下；远处伸出的狭小岬角，构成了这里的郊区；更远处是第二航道，背后是高高的花岗岩山峰，把海上区域和陆地区域分隔开。鼓浪屿和厦门的居民基本上以海洋为生，但他们也学会了对外贸易和海岸运输，而且相当成功。由于隔着辽阔而高耸的山脉，他们无法利用内陆交通和马车带来的直接便利，但在对外贸易中得到了更大的回报。台湾是海盗的摇篮，长期以来和厦门居民做着有利可图的生意。长久以来，这个港口的商人从事与新加坡之间的直接贸易，并连续不断地出口蔗糖到北方城市，换回稻米及其他必需品。由于特殊的地理位置，福建人保留了很多古怪的特性，这些特性在其他省份的人中观察不到。他们的语言，不管是纯正的当地方言，还是和外来语言杂糅的变种，其他地方的中国人几乎听不懂。

第一百零三章
古墓群

这个地方被所有人忽视了，
因为这里是亡者的领地，
每到帝国的一些节日，
人们才会想起他们的存在。

　　由英国指挥官组成的探险队（他们的动机只是好奇、游
乐或教学）动身从厦门出发，走下庇护和装饰着这一地区的
花岗岩小山，他们惊讶地发现了一处古代墓地。墓地占据着
山中的一块凹地，可能是一个采石场留下的。从它被风雨剥
蚀的外表来看，显得十分老旧。一个新月形的坟墓有三道围
墙，耸立在这块围地的正前方；这里埋葬的应该是一位高官。
再向前，是一条从岩石中开辟出来的台阶，通向一个设计古
怪的门道。门道是一个双曲屋顶，被四根柱子撑起。内部空
间显然是挖出来的，石块被移走，留下了一处规则区域，构
成了游廊和人行道，层层叠叠。巨大的空间被结实的砖石墙
围了起来，里面是寺庙或陵墓，存放着死者的遗体。有些穴
室里发现了骨灰瓮，有些穴室则空空如也。然而，这里提供
了一个无可辩驳的事实，中国人很早就把去世的亲人埋葬在
地下墓穴中，就像其他东方民族一样。腓尼基人和希腊人从

　　岩石中挖掘坟墓，用祖先的埋骨之地围绕着他们的主要城市。罗马、那不勒斯和巴黎的地下，都有大规模的墓穴群；紧邻地中海的非洲海岸，也存在类似的巨大建筑，但年代更久。

　　厦门的这些墓穴的墓门上刻着得体的碑文，还立着妻妾、仆人、奴隶、马匹或其他东西的雕像，这能够增加死者的荣耀或地位。这一习俗与古埃及人的习俗相同。这些包含了国家历史，民族习俗和生活方式的场景被描绘或雕刻在很多纪念性建筑上，从而得到很好的保存。

第一百零四章

厦门城远眺

请告诉我，

如何才能与他人结合成一体，

来安慰我的灵魂。

斯托达特上校给这个著名港口景观的精确描述是一幅精美的全景图。以古坟场为观察点，下面的城市和城墙尽收眼底，连同广大郊区及其数不清的农舍；远处，点缀着繁忙的商船，在微风中缓缓航行。内湾像一个内陆湖，四周巨大的山脉高耸其上，轮廓呈锯齿形，由花岗岩组成。鼓浪屿位于外洋与这个风景如画的盆地中间，充当了一道有效的天然防波堤，使得整个海湾的水面始终风平浪静，船只一年四季都可以在此停泊，等待起航的时机，而不管天气如何。

考虑到广州官员的傲慢，似乎可以得出这样一个结论：每天从广州流失的贸易有相当可观的份额进入了厦门。珠江上的航行漫长而无聊，并且航行途中困难重重，从广州城出来同样不方便。而在厦门，船只可以在内港等待有利的天气出行。除了这些自然优势外，英国的外交使团和远征队发现，厦门人对待外国人、商人和游客比中国其他港口城市的人更友好、更慷慨。

厦门比中国其他通商口岸离广州更近，通过废除商业垄断权，它会迅速、平稳地崛起。从厦门人喜爱交流的性格来看，这座城市的居民与外国人的交往很可能比迄今为止这个民族所被允许的更紧密、更持续、更平和。

第一百零五章

定海要塞

去吧，英格兰的战士们，

第二次战役开始了；

去吧，英格兰的战士们，

让我们城中会面。

　　英军入侵中国海岸给中国人造成的最大损失，莫过于定海的沦陷。舟山群岛位于杭州湾的入海口，可以作为一道防波堤，抵御大海的波浪，也可以作为一处要塞，抵御敌人的入侵。但就其作为要塞而言，事实证明这并不是明智之举。

　　有意思的是，清军认为的那些固若金汤的地方都轻而易举地落入了英军之手，而一些不知名的关口反而遭到了顽强的抵抗。定海海岸边的每一座小山都修建了看上去很强大的炮台；其中一些炮台太高，发挥不了什么作用，还有一些炮台没有掩蔽，容易暴露在敌人的炮火之下。在一个高出海平面大约 200 英尺的高地上，在一处峡谷的入口，耸立着一座具有欺骗性的建筑，被命名为"恐怖要塞"。

　　不幸的是，当英国舰队驶经此地，中国人对"恐怖要塞"寄予愿望。没有哪支军队（不管其装备和训练如何）在战斗中所表现出来的个人勇气比"恐怖要塞"的中国守军更令人敬佩，然而，也没有哪一次失败比他们所遭遇的更触目惊心。造成这一结果源于两个原因：其一是英国军队先进的装备、完美的纪律及民族勇气；其二是当时中国人的落后，他们完全不了解战争艺术在现代的改进。这些高山炮台或许将来会得到加固，使它们变得能够发挥作用；然而，即使是这样的希望，似乎也因为蒸汽船在英国海军中的广泛应用而化为泡影。

第一百零六章
普陀寺

没有衣食的烦恼，

食物和其他食粮源源不断，

没有世间的喧嚣，

可以静静等待天堂大门的打开。

舟山群岛中的普陀岛是中国佛教的圣地，长期以来以其寺院的豪华、宏大和雄伟而著称于世。尽管这处圣地整个面积不超过 12 平方英里，原住人口也不到 2000 人，但如今居住在这里的和尚却超过 3000 人，他们过着毕达哥拉斯学派那样的生活。300 多座小岛构成了舟山群岛，其中很多小岛比普陀岛更大、更肥沃，但没有一座小岛比得上普陀岛地面的崎岖、风景的变化万千，以及远观时的分明轮廓。

正是由于这些原因，佛教徒才选择了普陀山的深谷修建寺庙，还有他们的坟墓。这座小岛修建了 400 多座小寺庙，但有一座寺庙被认为是佛教的大庙。在一条富饶而狭窄的山谷中，耸立着普陀山最大的寺庙——普济寺，花岗岩山峰俯临其上，有些地方高达 1000 英尺。在两根高高的旗杆中间，一道石阶拾级而上，通向寺庙大院简朴的门道；两层高高的僧寮建造得十分结实，屋顶上盘踞着飞舞的巨龙。再向前，是一座多层宝塔，是寺院的标志性建筑。

从普陀山的和尚所献身的隐居生活和学问来看，他们很可能熟悉曾探访过这个国家、受到康熙皇帝热情接待的天主教修道士的工作。还有一点可以肯定，他们熟悉澳门的葡萄牙人的礼拜方式，因为耶稣的十字架和圣母马利亚的肖像跟一般性质的商品混在一起，在定海的店铺公开销售。因此，这些引人注目的事实解释了我们为什么能在一座佛寺的外部装饰中，发现一个巨大的、雕刻精美的石质十字架，它被显著地放置在一个雕刻精美的结实底座上。

第一百零七章

南京的桥

时间对于我已经毫无意义，

我只生活在这座古老的桥之上，

白天，人们匆匆而过，

只有晚上，才能看到我的身影

正如前面所说，南京城并非紧挨着长江，而是与长江隔着3英里的距离，通过一条又宽又深的运河与长江相连。事实上，这条人工航道相当宽，与西南的城墙平行，以至于横跨运河的大桥在建筑上是一项颇堪自夸的工程。紧挨着琉璃塔，是南京城横跨运河主干道最大、最主要的桥，它构成了广阔郊区与南京城西门之间的交通要道。这座桥包括六个造型优美、宽度不等的桥拱，桥的两端与河的两岸几乎在一个平面上。

中国的桥在不同地区是根据不同的规则建造的。事实上，差异性是如此普遍，对于中国的建筑师，你既不可能一概加以指责，也不可能笼统地鼓掌喝彩。桥的形态在一个地方是拱形结构，而在另一个地方则是马蹄铁形；花园里装饰性的桥大多是一个桥拱，要么是拱形，要么是平的。有些桥建在通航运河上，桥墩很高，使得负载两百吨的平底船可以从桥下通过，而不会碰到桅杆。单拱桥和大型桥经常出现，多拱桥也很常见，苏州府附近的一座桥，桥拱多达91个。

美与力在艺术品中并非不可分开，至少，中国人建造的优雅别致的单拱桥充分说明了这一点。每块石头被切割的恰到好处，以便成为圆弧中的一段。没有基石，用铁棒把适合桥拱凸面的木质骨架牢牢拴在石头上，有时省去了木质骨架，这种情况下，弧形石块被榫接到长长的横向石块中。另外，在中国的有些地区，可以看到石块更小的桥拱，就像在欧洲一样。

南京的这座桥全部是用红色花岗岩建造的，立在砖石结构的桥墩上。它的延伸部分并没有引起人们对稳固性的担忧，堤道两侧建起的一排排房屋清楚地表明了这一点。图中显示的是南京的大桥，桥的一边是城墙，另一边是琉璃塔，一艘官船正运送一位赶来接待英国人的钦差大臣，船正要抵达南京城主要码头的停泊地。

此图描绘的是秦淮河上的长干桥，始建于南唐，明代一度改名为长安桥，清代称聚宝桥。张铉《金陵新志》载："长干桥在城南门外，五代杨溥城金陵，凿濠引秦淮绕城，咸淳乙丑，马光祖新创。"刘基《杨柳枝》云："长干桥边杨柳枝，千条万条郁金丝。人来人去争攀折，无复青青映酒旗。"《渔父词》云："采石矶头煮酒香，长干桥畔柳荫凉。歌欸乃，濯沧浪，来往烟波送夕阳。"

第一百零八章

欧洲人的商行

可以说，中国的对外贸易（欧洲人在广州开设商行的历史与之密切相关）最早是在 1517 年建立起来的，当时，费尔南·佩雷兹·德·安德拉德率领一支由八艘商船组成的船队抵达广州，并以葡萄牙国王的名义，要求许可通商。

此后一个多世纪里，葡萄牙人一直独享这一重要特权。大约就在这一时期，荷兰人也找到了通向东方诸海的航路。他们并不满足于通过二手代理人做生意，决心前往广州，打通与中国人之间的

直接商贸往来。意外事件最终导致了这一目标的实现，而之前荷兰人曾以非凡的勇气、胆识和才干来努力实现这一目标，结果却白费力气。葡萄牙人一直拒绝荷兰闯入者进入他们在澳门的领地，并通过蓄意诽谤确保中国官员拒绝他们的使团进入广州。荷兰人先是撤到了澎湖岛，随后去了台湾；他们决心用自己的诚实和勤奋彻底驳斥竞争对手的诽谤，证明自己完全值得与中国人结成盟友。如果不是因为发生了一件事，威胁到帝国的和平与稳定，中国人对外国人的冷漠（或者说是厌恶）肯定会让荷兰人没有机会与天朝帝国的臣民建立友谊。这一事件就是郑成功的起义。

郑成功是一个非常有能力的人，他不仅把福建、广东和广西保持在自己的控制之下——其他行省都承认了清朝皇帝——而且还让自己成了台湾的主人。这位勇敢的爱国者使得荷兰人在台湾岛的居留不再安全，而他们给大清皇帝提供的帮助使得他们有资格得到朝廷的关照，于是，荷兰人被允许迁往广州郊区，并为了更好地从事他们的贸易而在那里建立商行。这次迁居发生在 1762 年。

在商业竞争对手（尤其是西班牙和葡萄牙）的带动下，英国人努力扩张他们在印度洋的贸易。为了这一雄心勃勃的目的，罗伯特·达德利爵士装备了三艘舰船，设法获得伊丽莎白女王写给中国统治者的一封信，并指示这次小规模远征的指挥官本杰明·伍德："尽可能远地深入中国。"但是，达德利爵士的舰队并未抵达中国海岸，从西班牙人那里听到的关于这支船队的任何消息都不可靠，有人怀疑英国船员被西班牙人残忍地杀害了。这次事件只不过增加了英国人与欧洲主要商业国家之间先前已经产生的敌意；紧接着出现的背叛和杀戮很自然地导致中国皇帝拒绝所有欧洲人在中国继续发展，并使得这个古老国家长期以来对"蛮夷"的偏见更加顽固。

1637 年，为了打通与中国的直接贸易，英国人又采取了一次坚决的行动。他们派出了四艘船，外加一艘舰载艇，由威德尔船长率领，驶往当时由葡萄牙人占据的澳门。英国人在那里受到了令人恼怒的刁难，还有周围的猜疑，于是船长决定乘坐舰载艇前往广州，尽可能弄清楚葡萄牙人声明的真相，以及中国政府对英国人的真实态度。他们在接近广州的时候遭到了代理人、使节、专员和官僚的阻挠，并诱使对这些狡猾官员翻来覆去的允诺和陈词滥调寄予信任，最终英国人同意休战四天。

在休战的这段时间，中国人偷偷运来几门大炮，对着四艘英国舰船的停泊处，英国人放松警惕的时候，中国人朝这支小船队开火了。由于糟糕的指挥，只造成很小的损失，但英国大炮迅速而冷静的回击则很快让中国人的大炮哑了火。这一坚决果断的行动让英国人立即获得了承认，他们暂时被允许与中国本地商人开展贸易往来。

然而，葡萄牙人再一次使出两面派的伎俩，让中国人增加了对英国人的仇恨，中国人更加担心遭到英国人的惩罚。没有任何挑衅，英国人被宣布为"中国之敌"，并给他们取了一个侮辱性的绰号"番鬼"；所有胆敢与这些"番鬼"做生意的中国人都被宣判有叛国罪。

1676 年，在南方各省臣服新王朝之前，英国人在厦门和金门获得了一处立足之地。然而，这个地方也于 1680 年臣服了清朝，英国人被迫放弃了这处据点。四年后，中国恢复了国内和平，商贸往来在这两座海港小城重新开始，英国人也被允许在厦门建立商行。英国人保住了这家商行，直到皇帝的一篇谕旨把所有对外贸易局限于澳门和广州。继续保留这家商行变得既不合法，也无利可图，于是，英国人把他们的工作人员和机构迁到了广州。他们在那里与中国人贸易，生意兴隆，直至 1833 年。那一年，英国议会忙于几个政府部门的改革，重新核发了东印度公司的特许状，放开了先前一直由一家公司垄断的对华贸易。

在撤销了东印度公司的对华贸易垄断权之后，英国议会任命了一位对华贸易总监，律劳卑勋爵是担任这一职务的最佳人选。然而，勋爵抵达广州之后，两广总督出人意料地拒绝承认他的委任状，并宣称，英国贸易管理模式的这一改变并没有正式与北京的朝廷沟通。律劳卑勋爵抵制了这一阻挠，甚至指挥两艘军舰占领黄埔岛锚地，在他们进入锚地时，虎门和大虎山炮台朝英国军舰开了火。英国人的强烈抗议白费力气，所谓的坚持带来了严重的损害，也给英国政府的利益造成了损失，律劳卑勋爵暂退澳门，决定等待向清廷申请的结果。但是，几乎在抵达澳门港之后，勋爵便死掉了。律劳卑勋爵去世之后，戴维斯承担起了保护英国人在广州的财产和贸易的职责，而且没有遇到什么阻碍，直到鸦片问题出现，到 1842 年中国彻底屈服于英国的船坚炮利，这个问题才得以解决。

尽管允许他们在广州建立商业代理机构、商行、店铺和住宅，但迄今为止，中国政府对待所有外国人都极其吝啬。尽管广州气候闷热，住处脏乱，周围被死水环绕，但清政府还是拨了一块场地给外国人建商行。这块地长 800 英尺，纵深 400 英尺，之前是一片污水横流的泽地。在此地打了很深的桩，有了一个稳固的基础，"十三行"就这样建起来了。各家门前有一根旗杆，上面悬挂着各自国家的国旗，每家商行都按照中国的习俗取了一个名号，以示区别。英国商行叫"保和行"，美国商行叫"广源行"，荷兰商行叫"黄旗行"，奥地利商行叫"孖鹰行"，瑞典、丹麦和法国的商行也都有类似的名号。

1834 年，珠江的洪水彻底淹没了欧洲商行的码头，以至于外国人居住区与广州城之间的交通只能靠小船来维持。这次水灾的长期持续性在商人当中造成了大范围的疾病和死亡。商行的背后是一条狭窄的小溪，塞满了来自城市下水道的各种污染物。商行前面是阶梯或斜坡，为装卸货物提供了方便。有两条街横穿商行和店铺所占据的空间：中国街和猪巷。中国街是一条宽阔而漂亮的林荫大道，有很多装饰漂亮的店铺，但外国人不得入内。猪巷则拥有完全不同的品格——狭窄、不方便、阴森，被底层的人所占据，也只有底层的人才会光顾，这里经常是骚乱、偷窃甚至暗杀的现场。欧洲人被严格局限于他们自己的居住区，面积只有几平方米。有一个散步场所，用栏杆围了起来，形成了一个惬意的休息区。在凉爽的傍晚时分，与商行有联系的商人、海军指挥官和民事官员来到这里会面。除了这块小露台外，允许外国人进入的场所只有买卖交易、装船运货期间供他们堆放货物的空间。上述两条街道把十三行分成了三组：西边是法国商行和西班牙商行，中间是英国、丹麦、美国和奥地利的商行，东边是东印度公司的商行。由于禁止外国人进入广州城，他们的活动区域被严格限制在分配给他们的狭小而脏乱的空间内。在这里长期居住，对大多数人来说都是很难接受的事，也是一种无法忍受的羞辱，除了财富和商业的忠实追随者外。因此，后来英国对中国的入侵（结束于其他通商口岸的开放），以及香港的割让，要么补救了广州居留的不便，要么导致有利可图的贸易彻底迁往了厦门、宁波、澳门或女王镇，尽管后者原本只是打算作为一个堆放货物的地方。

所谓"十三行"，并非实指，乃虚数。各洋行之名，乾隆前不可考。乾隆后有丰进、泰和、同文、而益、逢源、源泉、广顺、裕源、瑞丰、义丰等行。嘉庆后有同文、广利、怡和、义成、东生、达成、会隆、丽泉、福隆、天宝等行。道光二年，西关失火，洋商十一行延烧者六家，余五家。四年后，丽泉、西成、同泰、福隆等行先后倒闭，至九年，只存怡和等七行。《广东通志》卷一八〇载："康熙二十四年开南洋之禁，蕃舶来粤者，岁以二十余柁为率，至则劳以牛酒，牙行主之，所谓十三行也。皆起重楼台榭，为夷人居停之所。"沈三白《浮生六记》载："十三洋行，在幽兰门之西，结构与洋画同，对渡为花地。"屈大均《广州竹枝词》云："洋船争出是官商，十字门开向二洋。五丝八丝广缎好，银钱堆满十三行。"叶詹岩《广州杂咏》云："十三行外水西头，粉壁犀帘鬼子楼。风荡彩旗飘五色，辨他日本与琉球。"足见当年盛况。

第一百零九章

镇江府的西门

与命运相关的可怕冲突终于到来，
它隐藏在路边、角落和你的家中。
只有我们放声歌唱，击溃强敌，
运气才能永远倒向我们，不再变更。

在长江南岸运河汇入大江的地方，有一片宽阔漂亮的天然盆地，是由长江的弯曲和扩大部分形成的，大笔的贸易在这里成交，巨大的城市在这里崛起。在长江最宽处，金山岛耸立江心，山顶覆盖着茂密的植被。北岸坐落着扬州城，南岸便是镇江府。一条接一条岩石山脉从江湾边一路延伸，消失在视野的尽头，使得想象中的偏僻和贫瘠与呈现在我们眼前的这幅风景明媚、生机蓬勃的画面形成了鲜明对比。江面上船只往来穿梭，大小不一，形状各异。有些船只逆流而上，有些船只从运河入口驶向对岸，还有无数的船只在这里停泊。

镇江府是南方诸省的重镇，是南京城赖以抵抗外来侵略的外港，对于入侵中国的英国军队来说同样重要。这里被坚固的城墙环绕，墙高30英尺，厚5英尺，城内有大量活跃的人口，一支八旗部队驻守。沿着运河逆流而上，河的两岸都有安全的登陆点，英国人对镇江城的西门发起了一场猛烈的进攻，遭遇的抵抗比预想的激烈。起初，进攻陷入了一定程度的混乱，在拼命抵抗之后，英国战船"布朗底"号的登陆艇一度落入清军之手。然而，来自"康华丽"号战舰的水兵和海员很快把它解救了出来。

这次短暂的失利只不过让遭受挫败的英国人重新下定了决心，在运河对岸强大炮火的掩护下，理查森上尉率领一支攀爬队登上了城墙。炮弹很快就摧毁了城门楼，城里一片火海，任何抵抗都化为泡影。对英勇作战的八旗兵来说，投降是他们唯一的选择。

镇江府环城仅4英里，是一座小城，事实上，就其规模而言它在江南省仅排第五；然而，由于其独特的地理位置，它在商业上始终被认为是第一流的。镇江府的街道很狭窄，铺着大理石，有很多店铺；郊区在范围上与它所包围的这座城市大致相当。

第一百一十章
镇江府的银山

天神带来了这座岛屿，

并将其放于这片水中，

它像一盏明灯，

为所有人照亮前路。

在金山的视野之内，镇江府以西那片广阔水域的中心部分，银山从水面升起，庄严而美丽。不像金山那么高耸和陡峭，山上也没有那么多的宝塔和宫殿，但银山依然拥有许多令人愉快的、美不胜收的风景。茂密的植被覆盖着整座小岛，村庄和别墅掩映在一片苍翠的绿色中，巨大的驳船和平底商船停泊在岸边的深水区，使眼前的场景更加丰富多彩，碧绿的水面使船的形状更加清晰地凸现出来。维多利亚女王的舰队停泊在这些美丽小岛的旁边，一支强有力的小分队在镇江府登陆，从那一刻起，中国人的"糊涂"便烟消云散。外国人找到了一条大路，通往帝国心脏的城市；与外国人的社会交往一直被中国统治者视为一项太过危险的活动。因此，当英国军队刚刚赢得一次轻而易举的胜利时，清政府便审慎地决定认输，不管征服者提出怎样的条件。英国军队对金山、银山及周围广阔水域的占领，使得英国和中国之间的冲突大局已定。

乾隆十五年刊《镇江府志》卷二载："银山在城西江口，旧名土山。以山形壁立，俗户竖土山，避宋英宗讳，亦呼植土山。元时建寺其上，以与金山对峙，易名曰银山。"《读史方舆纪要》卷二十五云："名其别阜曰玉山，临江耸立，上有龙王庙。"

第一百一十一章

潘长耀的豪宅

错误的选择，临事者永远不知，

笑闹中，

有人欢喜，有人衰恸，

他们不明，

短暂的快乐，换来的却是永久的苦痛。

潘长耀的宅邸，不管多么华美漂亮，多么古怪新奇，我们都不要把它仅仅视作艺术的向壁虚构、民用建筑的生动说明；相反，它是中国建筑中普遍盛行的别墅式建筑的一个真实的现存样本。当我们把殷勤好客与中国绅士的品格联系在一起的时候，千万不要得出这样的结论：它跟欧洲人的殷勤好客是一样的。一名中国官员的宅邸是按照既定的规制建造的，并接受官府的监督，必定包括符合规定的内容；一部分用于招待宾客，另一部分供家里的女眷使用。还有一部分只有女性才能进入，其装饰极尽花哨之能事，通常要花掉相当数量的钱财。图中表现的景观不过是很多庭园的场景之一：树枝低垂，凉风拂水，掩映在柱廊、凉亭和窗扉之间，即便是最热的正午时分，也能享受到日落时分的阴凉。

在中国，教育与女性无缘，中国的社会禁止女人接受人文教育。为了弥补剥夺女性的智力享乐而给她们造成的损害，富人便给自己的妻女提供了大量的游乐场地、池塘、花卉、岩穴、鸟笼，以及其他适合女性禀赋的娱乐。潘长耀在广州近郊的这幢府邸中所表现出来的慷慨和品位，很少有官员或商人超过。这幢宅邸的庭院、厅堂、画廊、柱廊、过道、阳台，以及其他稀奇古怪的建筑形式，都远远超出了奢华通常所达到的程度。家里的女眷所享有的自由似乎已经超出了她们裹着的小脚所能踏出的范围。

图中可以看到一个八角形的门廊，下面有两个人，一个指着游船，另一个望着同一方向，门廊的顶部是倒扣的莲花。按照佛教信徒的理解，这种美丽的花在中国有着神圣的地位，是中国建筑中尖顶的起源。就其最初的形状而言，它恰好与宝塔顶上倒扣的杯子相一致；拉长之后，它被用于任何长度（但宽度有限）的建筑。而且，建筑师应该感觉到了一种强烈的倾向：在民族风格中引入一种借自本土神圣符号的装饰或构件是十分自然的。在潘长耀的宅邸中，那朵倒扣的莲花不加掩饰地被用作门廊的装饰顶篷。希腊人的立柱借用了树干——他们的柱头装饰借用了莨苕叶或其他花卉。英国的簇柱借用了德鲁伊特的小树林；另一种风格的自然建筑，洞穴的内部，连同它的石笋装饰，则毫无疑问暗示了摩尔人修饰其华美官殿的装饰风格。

英国舰队攻占厦门之后，在继续向北的过程中进入了晋江河口，泉州府便坐落于晋江南岸。由于这个港口是鸦片走私贸易的关键点，中国人便做了一些简陋的准备工作，以抵抗一支怀有敌意的舰队的靠近。一支英军小分队奉命在晋江北侧的一处悬崖脚下登陆，中国战船和这支小分队的小船保持着礼貌的距离。岸上布置了一些中国士兵，负责操纵大炮，英军仅放了几枪，他们便惊慌而逃，把他们的黄铜大炮和所有弹药全都留给了敌人。制造这些大炮的材料使得被缴获的大炮不仅仅是荣誉的战利品：仅在镇海缴获的大炮，其价值就超过 1 万英镑。

晋江是通往泉州的交通要道，这座商业城市占据着一处突出位置：在地理位置和贸易上仅次于几座一流城市，这座城里点缀着大量的牌楼、寺庙及其他公共建筑。它的街道因为其长度和宽度而格外引人注目，并有七座城市被置于古老而人口稠密的泉州府的保护下。

我们看到一座座坟墓，

他们都是英军的勇士。

在死亡前的最后一刻，他们是否会说：

我是为了胜利而死去！

第一百一十三章
中国渔民如何省时省力

卖得鲜鱼二百钱，

米粮炊饭放归船。

在长江北岸，正对着从长江延伸至南京城的那条运河的地方，至今依然可以看到浦口县那已朽败的城垛。这些原始的防御工事既不高，也不坚固，它们之所以被保存下来，更多地要归功于温和的气候，以及当地居民的保守性格，而不是归功于它们的牢固可靠。这座被废弃城市的城郭之内，如今灌木丛生，野花遍地，大自然

重新统治了城墙内的帝国。曾几何时，人们凭借自己的勤劳砌起了这座城墙，目的就是为了把大自然排除在外。山顶上被遗弃的宝塔修建在一个坚固的基座上，从其坚固性来看，这似乎毫无必要。从它朴素的装饰和低劣的设计来看，它大概更多的是献给风霜雪雨，而不是献给佛陀，佛门弟子或许并不愿意为了赢得香客而放弃一个舒适而惬意的地方。

由于紧邻南京城，从而使得这一地区的居民有了充足的工作机会，运水是他们拥有的主要优势之一。有一点值得注意，在人手众多的地方，劳动力总是很便宜，中国人的手工技艺比我们所知道的其他任何民族都要娴熟；然而，在少数情况下，他们似乎在时间和劳力上都很节约，完全不同于其他情况下的习惯性挥霍。图中浦口的一位菜农，装载着满船的水果和蔬菜，竖起一根竹桅杆，撑开一张粗纤维制作的船帆，把绳拧在一起编成缆绳，末端固定在手边的一个插头上，嘴里稳稳地叼着烟斗，宽边竹帽同样牢牢地扣在他的头上，他就这样一路航行——只要风足以鼓起船帆。此时，他一只手拉紧或松开绳子，另一只手把住船舵。一支桨可以闲着，但另一支桨则用脚奋力划动，既是为了推进船只前行，也是为了引导方向。就在这个省力者乘坐着满载货物的船驶过的同时，渔民们正在和他们训练有素的鸬鹚一起忙活，在这个单调乏味的过程中，仅鸬鹚的精明就足以赢得我们的赞叹。

高地往山的一侧倾斜，

这是令人自豪的森林树木，

在其间掩映的古刹庙宇，

为山谷增添无限色彩。

　　这幅美丽的全景图以最好的效果、最完整的真实性呈现了舟山群岛壮美的风景。它呈现了舟山群岛山水、树木、荒地和耕地最令人愉悦的组合方式；尽管这些岛屿与大陆分开，但它忠实地证明了中国人长期的、不受打扰的耕作方式，任何地方也找不出比这幅更充分展现当地气候、农业和民族习惯的全景图。

　　这里既没有北京冬天的凛冽，也没有广州夏日的闷热。舟山的农民一年四季都在这片肥沃的土地上劳作，一季接一季种植不同作物。当英国人踏上这些小岛的时候，他们全然不知这样一个事实：这里的人们过着有节制的平静生活，寿命很长，很少生病。

第一百一十五章
送到新娘家的聘礼

金子及其他一切事物，

都是表达爱意的最完美礼物。

中国的婚约很像是一纸买卖合同。也许会有人反驳说，欧洲的社会习俗中也存在给女性明码标价的做法，即使在欧洲文明程度最高的国家偶尔也会有购买妻子的事情发生。然而，在这所有的实例中，都有一个在中国人的伦理中找不到的特点，即双方有权熟悉和了解对方。假如有传闻颂扬一位女士的美德，求婚者很快就会上门提亲。一旦缔结了金钱上的约定，求婚者便把丰厚的聘礼送给心上人。礼品包括小饰物、梳妆台、绫罗绸缎和金银器皿，送礼的方式特别隆重。家里的一间房屋被用来放置这些表达敬意的礼品；女性掌礼官被允许进入，并以庄重的仪式接收答谢。新娘出嫁时，她的姐妹或近亲悲伤地围坐在四周。家里年长的女性负责把礼品摆放在内室；新娘则戴着绣花盖头，站在一个显眼的位置，对送礼的人表示感谢。

基德教授发现了几个东方国家（尤其是马来人和中国人）上层阶级结婚仪式中存在的相似之处。"有三天的婚宴和娱乐活动，在此期间，新娘的朋友来看望她，仆人给她佩戴珠宝首饰，穿上华美的衣裳。第三天的晚上，新娘和她的朋友一起被关在闺房里，新郎走到门口，要求获准进入。房内问道：'谁在那儿？来此何事？'新郎则大声报出自己的名字，来此向新娘求婚。里面的人在回答的时候要求他报出自己打算送上的礼物，否则拒绝开门。新郎答应送上一颗价值不菲的宝石。门立即被打开，新郎送上宝石，获准来到新娘的面前；新娘陪伴新郎出席婚宴。"

第一百一十六章
乍浦古桥

桥梁、宫殿和塔楼，
都以非凡的速度崛起，
这是谁组织的竞赛？
令人间日新月异。

在时间和风暴争夺统治权的原始森林里，巨大的树木因为这两种力量而倒地，呈现出古怪的姿势。它们有时倒下来互相靠着，形成哥特式拱顶；有时一堆堆地瘫倒在地，像玄武岩一样；有时伸过峡谷或洪流，牢固可靠，它们的排列仿佛经过科学的计算。正是这样的偶然事件，最早启发了单板水平桥的观念。因此，可以非常有把握地说，平拱顶的使用是最古老的，不仅在中国如此，在其他国家也一样。

后来，当工业文明大发展的时候，这些民族建造了众多困难的工程项目，其中就有上百个桥拱的桥梁。其实，连开凿隧道的技术很早就被使用了，高悬于南京城上方的一座大山被一条大路南北贯通。

乍浦河上的单拱平顶桥明显属于早期的风格。这座桥建造了坚实的桥基，铺上了巨大的厚石板，像阶梯一样彼此重叠，一直到桥墩的边缘，然后铺上一定规格的石板，跨过当中的空间。乍浦桥的栏杆上雕刻着石狮子，制作的有些粗糙，但象征着桥梁结构的宏大和建筑师的非凡能力。

第一百一十七章
穿鼻的防守

硫黄的气味漫天飞扬，
到处可以闻到死亡的气息，
杀声和喊叫无处不在，
烟雾弥漫经久不息。

珠江的主入口在穿鼻炮台和大角炮台之间，这两个炮台是商业中心广州城的外围防御工事。向西，是一片辽阔的三角洲，众多支流横贯其中；这些支流的水很浅，只有平底船才能航行，正是有了这些平底船，广州和澳门之间的贸易才颇为可观。除了虎门之外，任何重载船或战船都不可能通过任何河道接近这里，大角和穿鼻（沙角）在过去的时间里一直防守坚固。

第一百一十八章
运河上的宝塔和村庄

清澈的水晶床上，

圆圆的珍珠在闪闪发亮，

高耸入云的尖塔旁，

一栋栋房屋美丽多姿。

接近广州城的时候，生机和活力便随之增加，这种活力不仅来自两岸的精耕细作、外贸船只的往来穿梭，也来自长期居住在水边的庞大人口。领航室、店铺、商人的别墅，以及一群群简陋低矮的住宅，掩映在飘摇起伏的松林间，给千变万化的景色平添了几分欢快的气息。建筑风格结合了应时应景的装饰风格，使得这幅移动的画面更惬意宜人。有些地方，由于场景的活力和环境的优雅而显得格外赏心悦目。在一侧的河岸上，有一排如画般的村舍，从河边可以通过一段宽大的台阶到达。

闷热的天气里，绿树环绕，遮天蔽日。河对岸，耸立着一座供奉福神的寺庙，还有一座宝塔，被防御墙围绕。最近的中英战争中，在那里的中国人对一小股英国部队发起的进攻抵抗了大约 20 分钟。正是在这个被称作"黄塔"的地方，很多小舢板停靠岸边，船员们下船登岸，祭拜保护他们

262　中华帝国——古老的风光、建筑和社会

平安返航的守护神，或者为了一次成功的航行而求神的庇佑。

　　远处，可以看到广州城的欧式建筑和外国人的商行，但看上去到达那里似乎很难。驳船、三桅帆船、小划船、小舢板和大船并排停泊在河面上，樯帆林立，连绵不断，以至于没有给新来的船只留出任何通道，只有借助治安警察的力量，才能抵达海关大楼。

　　图中所绘的是番禺县境内的琵琶洲。《广东通志》卷一〇一载："琵琶洲在县东南三十二里江中，闽浙舟楫皆泊于此。"同治十年刊《番禺县志》卷四载："琵琶洲冈在城东南三十里，江中有洲，洲上有冈，高十余丈，形似琵琶。"王士正《广州游览小志》云：从白云山"下山，远见琵琶洲，洲上浮图岿然，海鳌寺也"。图中的海鳌塔建于明万历二十五年。

第一百一十九章
运河边的河南风情

这里充满了来自世界各地的宝物，

商人们带来珍宝、香料和黄金，

所有珍贵的物品，被人们吆喝着售卖

大厅里情景空前绝后。

距海幢寺不远，便是运河的河口，那是一条交通要道，一路上可以欣赏到美丽的风景、勤劳的人民，以及精耕细作的田园。紧挨着河岸的地方修建了很多别墅，阳台上摆满了芬芳四溢的鲜花，装饰着奇形怪状的灯笼。像威尼斯的宫殿一样，每座别墅都有一处单独的小河湾，别墅主人的游船便停泊在那里。有些地方，商人的店铺或工厂也耸立在岸边，一条宽阔的阶梯从底层阳台拾级而下，目的是方便运送或接收货物；梁柱上悬挂着牌匾，上面标出了店主的姓名、身份，以及他所经营的行当。那些去过威尼斯的旅行者，不难欣赏这种水路令人愉悦的特征，新奇感会给旅行增添别样的风味。

这里一直允许"番鬼"与天朝帝国的居民混居：瞪大眼睛看着他们古怪的装束，华美的阳伞，以及毫无表情的面容。在这个商品交易中心，算命先生和托钵僧人找到了他们的一席之地。算命先生或穿梭于往来的行人中，或端坐在一张放着文房四宝的桌子前，只需几个铜板，便可以向你揭示未知的秘密。失去妻子芳心的丈夫，渴望爱侣关注的情人，操心儿女幸福的母亲，被父母遗弃的孩子，纷纷围在这位算命先生的桌旁，屏住呼吸，等待对自己命运的宣判，或者等候轮到自己上前求签问卦。

中国人（或者毋宁说广州人）的住宅并没有局限于陆地，他们的房子也不完全建在岸边。很多人把家安在水上，实际上，他们就居住于停泊在河里的驳船上。有些河段，固定驳船的数量是如此之大，以至于遮挡了运河河面的很大一部分，河面呈现出一个乱七八糟的实心块团。另一些河段，驳船鳞次栉比地排列，从此岸到彼岸，只留出一条狭窄的通道供船只航行。成队的船只常常远离陆地，一排排停泊在河面上，船上居民可以彼此交流，但妨碍了与陆地居民的交往。陆地上的同胞带着怀疑和不友好的目光看待这些水栖兄弟。据信，陆上居民认为这些船上居民有着完全不同的出身——被认为是天性下贱的外乡人，并禁止与他们通婚。

广州人习惯于把珠江南岸的一片地区称作"河南"。屈大均《广东新语》卷二云："广州南岸有大洲，周回五六十里，江水四环，名河南。人以为在珠江之南，故曰河南，非也。汉章帝时，南海有杨孚者，举贤良，对策上第，拜议郎。其家在珠江南，常移雒阳松柏种宅前，隆冬蛰雪盈树，人皆异之，因目其所居曰河南。河南之得名，自孚始。"陈徽言《南越游记》云："广州城南隔河有地名河南，富者多居之，人烟稠密，栉比相错。"郑熊《番禺杂志》云："卢循城，在郡之南十里，与广隔江相对，俗呼河南，又作水南。"

第一百二十章
乍浦天尊庙

无论大海、陆地还是天空，
他们都是上帝创造的。

中国，像其他国家一样，用于宗教活动的寺庙在战争时期往往成为临时防御点，由一群效忠国家的勇士驻守。这样的例子不胜枚举，任何一位研究历史的学者都能举出实例。

教堂的位置，要么在显眼的高地，要么在隐蔽的峡谷，要么在村庄的中心，要么守卫村庄入口；高塔适合用于军事哨位，步枪可以从那里射击，给进攻的一方致命一击，因而使得占据这些位置变得极为重要。因此可以说，每一场战争中，最重要的就是源于对这些战略位置的争夺。汤林森上校的阵亡是最近对华战争中最英勇的事件之一，

而乍浦镇天尊庙的顽强抵御可以视为清军士兵个人勇气的证据。

像中国人的宗教一样，他们用于宗教活动的场所也是五花八门：占地面积大的寺院宽敞宏大，而庙则小很多。寺院常常建有宝塔，而庙则很少有，但二者都有僧人，都供常驻僧人居住。这些场所也有供香客烧香祭拜、求签问卦的祭坛，以及举行祭祀仪式必不可少的其他附属建筑。除了孔庙、神庙、宗祠、佛寺和道观之外，还有供奉王母娘娘、火神、鬼星、贞女、龙王、文曲星、风神、寿星的庙——神庙似乎供奉所有这些崇拜对象。尽管中国人崇拜方式的多样，但有一个原则是值得称赞的，那就是宽容。

第一百二十一章

定海的枷刑

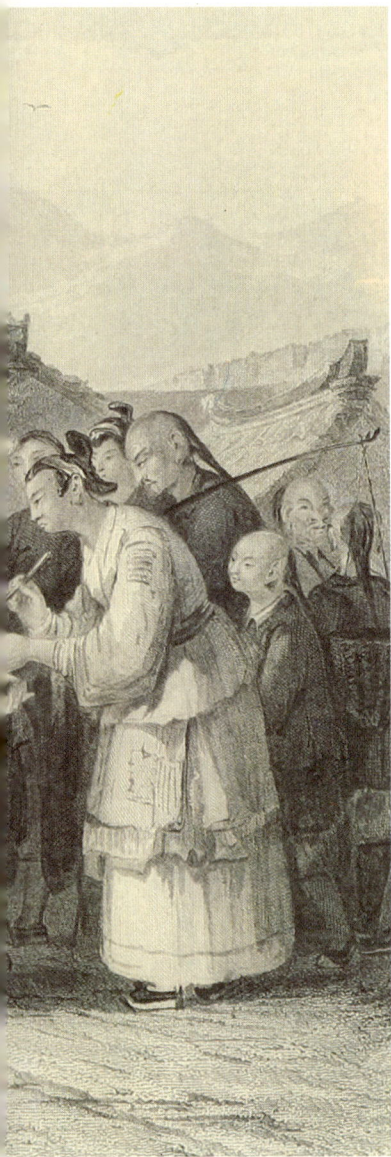

英国的法律和法典已经十分完备，大量的惩戒都是有据可依的。而且，英国已经开始人道地将犯人的刑罚适当减轻，现在他们正在研究死刑的存废问题。

但在中国，还存在许多落后的刑罚措施，比如枷刑就是其中之一。枷刑就是将人的头和手夹在一块木板上，并长时间保持这种姿势。这是一种次要的惩罚，但经常会被中国的官员滥用。

一般来说，枷刑要伴随着"发配"，即流放到边远地区服劳役。通常有1～2名差役，押解着被判处枷刑的犯人，一步步走到目的地。前行途中，犯人的枷不可拿下，要一直戴着，这是对他所犯罪行的一种羞辱。只有中途休息的时候，才将其取下。当走在大街上的时候，差役还会吆喝着前行，以表示对犯人的羞辱。

第一百二十二章

鸦 片 鬼

鬼船在太平洋上招摇，

鸦片像幽灵一样，

悄然登陆帝国王土。

从此，

白银随烟流散。

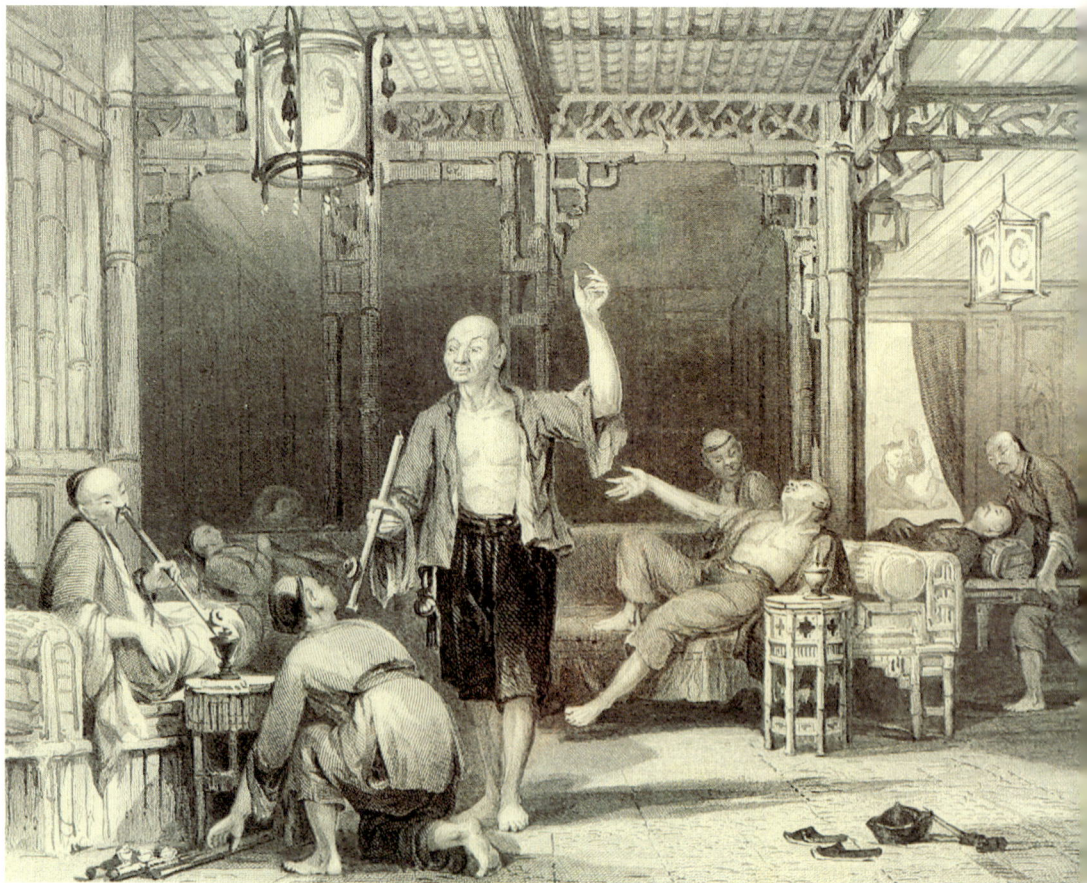

鸦片在中国蔓延的速度可以从以下事实看出：为了满足吸食鸦片者对这种毒品的需求，外国人在 1821 年向中国输入了 4000 箱鸦片，而在 1832 年则高达 20000 箱。清政府早就知道鸦片的危害，并想尽各种办法阻止它的输入。关税的增加，严厉的惩罚，以及吸食鸦片对身体造成的危害，都无法阻止吸食者对鸦片的狂热，短短几年内，鸦片便吞噬了整个中国。这种毒品走私和非法交易竟达到如此程度：当中国向英国宣战的时候，每年的鸦片进口额超出茶叶出口额 300 万两白银。

监察官（他的权力与犯罪的庞大群体完全不对称）如今宣布：买卖鸦片者各打100 大板，戴枷两个月；任何拒绝透露鸦片贩子姓名的人被视为共犯，打 100 大板，流放三年。这些严厉的规定使得其目的落空，因为很少找到愿意向官府揭发自己邻居的人，让自己的邻居因为买卖了几磅鸦片而披枷戴锁、接受笞刑、流放异乡。鸦片泛滥的结果让人痛心疾首，如今，败家子、赌徒、酒鬼和各种犯罪分子全都沦为鸦片鬼，鸦片成了中国的主要犯罪之源。特殊情况下，鸦片可能只是给一个早已污名缠身的人增添一个新的污点，但在大多情况下，假如不是这种嗜好诱使受害者走向犯罪的话，他可能不会身败名裂。

或许有人会问，这样一种可悲可叹的恶习，这样一种腐蚀民族心灵的毒药，难道真的无计可施吗？当然有，英国人的条件就是：废除专制，扩大自由，撤销高额关税，培育对外贸易，建立慈善机构，接受福音；人们能分得清善与恶、真与假、荣与辱。

附录:《圆明园四十景图咏》

　　《圆明园四十景图咏》是根据乾隆皇帝的旨意,于乾隆九年
(1744年)由宫廷画师唐岱等绘制而成的四十幅分景图。1860年,
英法联军入侵北京后,这套珍贵的彩绘图被侵略者掠走,献给
了当时的法国皇帝拿破仑三世,现藏于法国巴黎国家图书馆。

勤政親賢

勤政亲贤

273

九州清晏

九州清晏

天然圖畫

天然图画

慈雲普護

慈云普护

上下天光

上下天光

279

杏花春馆

杏花春馆

茹古涵今

茹古涵今

萬方安和

万方安和

武陵春色

285

山高水长

山高水长

鴻慈永祜

鸿慈永祜

日天琳宇

日天琳宇

映水蘭香

映水兰香

水木明瑟

濂溪樂毚

濂溪乐处

魚躍鳶飛

鱼跃鸢飞

中华帝国——古老的风光、建筑和社会

北遠山村

北远山村

297

西峰秀色

西峰秀色

四宜書屋

四宜书屋

方壶胜境

方壶胜境

平湖秋月

平湖秋月

蓬島瑤臺

蓬岛瑶台

接秀山房

接秀
山房

別有洞天

別有洞天

夹镜鸣琴

夹镜鸣琴

涵虛朗鑑

涵虚朗鉴

廓然大公

廓然大公

麹院風荷

曲院风荷

洞天深爱

洞天深处

311

图书在版编目（CIP）数据

中华帝国：古老的风光、建筑和社会：插图版 /
（英）托马斯·阿罗姆手绘，（英）乔治·赖特著；杨颖，
李楠译 . — 长春：吉林出版集团股份有限公司，2018.4
　　ISBN 978-7-5581-4722-7

　　Ⅰ . ①中… Ⅱ . ①托… ②乔… ③杨… ④李… Ⅲ .
①中国历史 – 通俗读物 Ⅳ . ① K209

中国版本图书馆 CIP 数据核字 (2018) 第 041535 号

中华帝国——古老的风光、建筑和社会（插图版）

手　　绘　[英] 托马斯·阿罗姆
著　　者　[英] 乔治·赖特
译　　者　杨　颖　李　楠
出　　品　吉林出版集团·北京汉阅传播
策划编辑　齐　琳　王　宁
责任编辑　齐　琳　史俊南
装帧设计　观止堂 _ 未　氓
开　　本　787mm × 1092mm 1/16
印　　张　20.5
版　　次　2018 年 8 月第 1 版
印　　次　2018 年 8 月第 1 次印制

出　　版　吉林出版集团股份有限公司
发　　行　北京吉版图书有限责任公司
地　　址　北京市西城区椿树园 15－18 号底商 A222
　　　　　邮编：100052
电　　话　总编办：010－63109269
　　　　　发行部：010－63104979
邮　　箱　beijingjiban@126.com
印　　制　北京欣睿虹彩印刷有限公司

ISBN 978-7-5581-4722-7　　　　　定价：165.00 元